随军六月记

［英］乔斯林勋爵◎著

吴文浩◎译

中国文史出版社

出版说明

1840 年，鸦片战争打开了中国闭关锁国的大门，大量外国人来华，或居住，或经商，或考察，或传教，或工作。他们中的很多人记录下了在华的经历和所见所闻所感。

翻阅这些浸染着岁月沧桑的文字，我们可以看到从一个别样的视角描述的中华辽阔的大地、壮美的山河、悠久的历史，当然，还有贫穷落后的社会和苦难深重的人民。我们选择其中"亲历、亲见、亲闻"性的文字及历史图片资料，比如裴丽珠女士的《北京纪胜》、利特尔先生的考察记《穿越扬子江峡谷》、乔斯林勋爵的《随军六月记》等等，编辑本丛书，以期为了解、研究近代中国提供助力。

这些异域的作者，由于不同的文化背景与生活背景，在给我们带来观察、审视近代中国别样角度的同时，也或多或少失之因缺乏对中国社会历史文化的深刻了解而产生误会与误读，甚至是偏见。虽然，本丛书重在采择"亲历、亲见、亲闻"的叙述性文字，对整章整节等大量议论、评价类文字进行了删节，但作者的观点和情感常常是渗透在文章的字里行间的，请读者在阅读过程中予以注意。

此外，有些作品中的地名、人名是作者根据当地百姓的口语发音记录下来的，时至今日已不可考，所以在翻译过程中只能根据语音翻译，特此说明。

编者

2018 年 8 月

序言

　　希望那些有闲暇时光来打发的人，在读到这位军人文笔拙劣的笔记时，能原谅里面的种种疏漏之处，显而易见，在批评家的眼中，这是随处可见的。

　　下面的文字，是作者在从广州到孟买的航程中写的，那时作者对随军过程中所发生的事情依然记忆犹新。为了避免读者可能会产生误解，这里需要指出，作者虽然有幸参加了派往中国的代表团，但写作本书绝不是在长官的授意下进行的，所以，在此作者恳请读者放弃这种错误的想法。事实是，当由于严重的疾病而不能胜任工作、被迫离开部队时，作者一点写作的打算也没有；因此，在形成本书写作计划的时候，他并没有跟任何亲朋好友商量或探讨。无论是在海洋还是在陆地上，无所事事都是人类的最大敌人。生活乏味的大众喜欢旅行作家，而百无聊赖正是促使作者成为这类作家的原因之一。

　　这本书来源于三个方面：一是作者的私人日记；二是作者

在不同时间与当地居民的对话；三是作者和对中国事务感兴趣的朋友的交流。

对远征开始前发生的中英之间的分歧，作者采取了简明扼要的阐述。我们的船与中国的船之间产生的误解与冲突，不仅被当时的文章报纸详细报道了，而且也被搬上舞台，成为了戏剧的题材，所以再次赘述这个话题将是令人厌烦的。因此，作者的叙述仅限于那些他参加远征期间发生的事情。

所有观点都有巨大的风险，由于那些熟悉中国事物的人所提供的关于该国的知识各不相同，并且这类知识不仅少得可怜，还零零散散。同时，我们不得不说那些知识只是个人的体验而已，因而很少有参考的价值。

过去，我们获得的关于该国礼仪、风俗及政治的少量信息，因为是如此的相互矛盾，所以极不可靠。现在，我们仍旧在努力研究中国，可是迄今为止，我们所获得的关于该国少量而又模糊的信息，都是偶尔进入中国的旅行者提供的。只要中国的防备之心还存在，对我们而言，它就一定继续是一个充满神秘的地方。

开放贸易可能有助于扩大我们对中国的了解；但是，在外国人能够真正了解这个奇特的民族之前，肯定还会出现很多关于该国的新的相互矛盾的观点。

只有罗马教会的传教牧师，因为在中国传教的原因，有可能会了解中国。他们投身于宗教事业，为了自己的信仰，为了传播教义，他们愿意牺牲，并愿意埋骨于其传教的土地。

中国人自然而然地居住于自己的沿海各地；他们似乎不会服从任何宗教的束缚，统治者的意愿是他们唯一的枷锁。正如在语言和肤色方面一样，他们与处在同一块大陆的印度邻居有很大的不同。

目录

第一章

导 论

中国的政策—鸦片贸易—该国
白银的流出—广州的变化—林则徐
钦差—英国政府采取的政策—远征
的计划—与中国的贸易

过去的很多年里，那些熟悉中国、能判断事态状况的人，注意到了盘旋于英国与天朝政府上空的风暴，由于中国对我们的蔑视和侮辱的态度，目前风暴终于爆发了。

两国间的商贸关系迄今已存在了200余年，曾因受到中国的猜忌而多次暂时中断；但是，长期以来，一些商业公司垄断了与中国的贸易，尽管愤怒，然而它们的利益自然使它们在失去利益前选择屈服———一种被视作贬抑的而被迫遵从的做法。

中英关系建立在对双方都有利的基础上，中国人并非不了解与英国的贸易，使他们的国库涌来了源源不断的财富。基于现有的观念，人们认为中国政府内部某种程度上，和我们自己在印度的相似。中国现在的统治者，对外国人可能对民众的任何影响都十分戒备，他们的制度必须要让臣民对所有外国的动向和感情尽可能一无所知；因此，"当一位中国人离开了中华，在海外各国漫游，如果有过的话，他很少会被允许重返故土"。① 因为他们知道，臣民对外界的任何了解，很可能对他们的政府所奉行的体制都是致命的。他们认为防止微小的创新，是对更大的颠覆的可靠屏障。例如，他们的船只、战争与农业器具，与几百年前他们祖先使用的一样，构造同样不科学——事情所以如此，并非由于缺乏人才或能力，而是由于统治者反复灌输的系统性愚昧。

为了满足人民的民族"虚荣"感，中国将"外面的国家"即"蛮夷"的观念深入他们心里，这是中国所有政策的重大目的。为达到此目的，他们在与外国的所有交往中都持夸大之词。比如在他们的公文或法令中，声称我们的贸易对他们国家并无多大的重要性。只要政府持续的如此说教，他们的头脑就会沉溺于民族虚荣心，所以现行的制度可能还会持续很长时间；但是一旦贸易完全停止，数百万人会因此失业。然后，当贫穷和饥饿在大地上惊人地蔓延开来，为什么的问题就会被提出。那个词一旦被说出，就将是当今王朝覆灭的信号。

把中国人想象成堕落的种族，在强加的不应得的鞭挞下逆来顺受，是错误的。事实是，长期以来，虽然军事权力掌握在满族人手中，文官职位和地方长官却掌握在本地人手中。当今的统治者可能握有对人民的统治权，他们只把人民视作赏罚的对象；但是一旦灾难和不幸降临到他们身上，目前虚弱的政府

---

① 从中文中摘取的语句。作者认为许可这一表述对理解本书的其他部分有帮助。

4

的倒台将是必然的结果。

中国人有句老话的意思是："一群暴民远比一群野兽更危险。"他们对这些大众的治理方式是推崇道德示范。地方的管理人员被要求不要干涉乡村的管理，因为他们认为相对于让民众自我管理，干预往往会导致麻烦。

广州有一个令人惊奇的例子。几年前，第一次爆发了对鸦片贸易的反对。人们拒绝让士兵搜查他们的房屋，他们结伙或组成行会，在街上设置路障。政府立即做出让步，军队也当即不再进一步努力。

差不多20年前，皇帝自己在北京的宫中遇到一伙暴徒的袭击，暴徒进入了宫内，迫使皇帝向自己的护卫寻求保护。这表明帝国的权力基础并不比其他东方国家更稳固。无论任何时候，当民众认识到他们的力量后，帝国的统治基础就可能被民众破坏。

自从1780年开始，鸦片贸易就已经存在，但直到1820年才引起政府的注意。当时一位总督禁止其入河，然而其继任者巧妙地批评了这一行动，不赞成驱逐的方法。

他认为，随时的控制和疏导，比时常采取措施，徒劳地禁止鸦片输入更好。

即便是最狂热的支持者，也不能否认毒品具有使人道德败坏的作用。但如何禁止毒品输入，是中国政治家还没能解决的问题，他们很可能最终接受其为"必要之恶"，而任其自然。

印度鸦片的三大产地是马尔瓦、巴特纳和贝那拉斯，后面两个地方的毒品完全垄断在东印度公司手中。然而，假如他们将来被迫放弃垄断权，其收入几乎不会受损，因为他们多半会赋予加尔各答与孟买同样的出口重任，以此获得与此前的垄断同等程度的利益回报。确实，这样的举动将对印度政府十分有利，因为，无疑商人们在管辖区的所有地方种植罂粟，都要提前支付一笔钱；马尔瓦最好的鸦片是土著王公种植的，一箱在孟买缴纳 125 卢比的税，市场中售价是 400 到 450 卢比；在中国沿海通常售价是七八百元，在最近的困境中甚至高达 1200 元。①巴特纳和贝那拉斯的鸦片没有这么贵，每箱产品只要 300 卢比。因此，随着产品价格的降低，降低了市场缩小的任何可能。

当孟买放弃垄断权时，孟加拉市场试图通过增加自己的供应摧毁马尔瓦市场；孟买商人继续开放市场，因为他们输入毒品到加尔各答，哄抬价格，因而造成需求增加的假象，使得市场上的毒品数量大增。

从加尔各答和孟买装运鸦片的是小型快速帆船，又被称作鸦片飞剪船。他们在强烈的季风时节前往中国海，从孟加拉出发的航程，少则 6 周，多则 8 周，那一季节中国海中刮着大风，很少迷途。他们武装到牙齿，沿着海岸线航行，特别是在福建海面。本地的中国帆船在距海岸 10 或 12 英里处与他们碰头，拿出金币及银两与之交换。这些船的武装名义上是保护他们抵抗海盗，却经常转而对抗中国当局；但是准确地说，直到

---

① 125 卢比等于 12.1 英镑，400 卢比是 40 英镑。700 元是 151.54 英镑，1200 元是 2558.54 英镑。

英国在印度的鸦片仓库

最近，这些冲突还很少发生。在广州的示威行动之前，这些船常常停靠在沿海不同的港口处理货物，向官吏支付一定数量的金钱，以得到其允许。朝廷的大臣们在抑制毒品的输入上有很多不同的意见，一些人的建议是激烈的，其他人则建议采取温和的手段。前者占上风，却没能实现减少的效果，更不用说禁止这种有害的贸易。这导致了该国目前混乱与困难的状况。

许乃济①，一位曾在广州任职的官员的备忘录值得评论；他同意并承认鸦片贸易的罪恶，然而他建议鸦片进口合法化，因为他认识到完全禁止是不可能的，如果继续目前的方法，"银有偷漏，……以中原易尽之藏，填海外无穷之壑"。由于白银是最轻便的，同时很难追踪其来源，是交易的媒介，只有在鸦片交易中才使用。与人民遭受的伤害相比，中国政治家更为缺乏这种金属的恐惧所困扰。

中国人从什么矿中获取白银还是疑问，但是从传教士旅行者搜集的所有信息来看，他们似乎很少轻易地开采它们；但是据悉他们有丰富的水银，在将来定会是该国的巨大财富。

然而，对帝国白银不正常外流的呼吁，似乎忘了这种珍贵的金属很可能是我们前辈大量运来的，尽管外表改变了，人们大多误以为这些银锭本来就是该国的。无疑，一些当然是这种来源，但是很可能，迄今为止，大部分的银子显然是被敲碎银圆的新形式。

---

① 太常寺少卿。参阅《国会中国报告》，第 156 页。

当银圆进入中国时，中国人给其压印或盖章，因此拿走了这种金属的一小部分；流通中每过一道手都要经历同样的处理，它的实际币值重量减少了。这种碎块货币的拥有者，发现体积的不便，就将其熔铸呈银锭的样子。① 有一种铸币比起之前的银圆更好收藏，1000 个方孔钱价值可能不到 200。

需要记住，直到机械的发明降低了生产的成本前，服装、毛绒等制品还难以进入中国市场，所有的茶叶和其他商品都被换成欧洲的金银，因此，事实上，目前（所谓的）中国白银外流只是重新偿还了长期以来所借的贷款，或者更合适的说法是，归还我们一度拥有的金钱，交换我们目前的商品。

只要读一下那些赞成采取严厉措施的官员的备忘录，他们的谬论是显而易见的。事实都很清楚，任何对该国人民稍微了解的人都明白，立即禁止他们已经形成的习惯是不可能的。任何措施，不管多么严厉，都不能完全成功。数千人愿意冒生命的危险去弄到毒品。数千人长期养成了习惯，如果被剥夺了毒品，他们宁愿待在坟墓里。中国的海军力量无足轻重，而从所有已知的描述可以得知，因为他们的各级官员都公开接受贿赂，所以无意执行严厉的措施。另一方面，更温和的方式将立刻使政府有权监管流通的过程，征收的税收会成为财富的来源。但是只要货物的价格是不合理的，出口价只要 400 卢比，而现货市场的价格是 700 元，无论采取什么措施来禁止，仍会

---

① 银锭比其他的更贵重，因为其包含部分金沙。通常是船形，中心有印记。

鸦片走私船

有人在市场出售它。开放的贸易只会使商品价值得到真正的评估，商人们那时可能会发现其他同等甚至更划算的货物。

广州的事情已经有一段时间处于很不稳定的状态，当时林则徐被北京朝廷任命为与广东省的总督同一级别的钦差，专门为了终止鸦片贸易。他全权进行了调查，并在1839年3月公布了他的第一份公告。[①]

广州商人与当局之间的第一次严重纠纷是由于在属于外国人的公共广场处决罪犯。此事发生在1839年1月26日，紧接着，在钦差来了之后又接连采取了多起行动。焚烧英国国旗，扣留英国船只，要求英国臣民为意外死亡的中国人抵命。这些以及其他很多行动，都让英国人不能接受。这清楚表明林钦差准备尽其所能，实现他的任命所及的目的。

他的下一步举动是要求颠地先生进入广州城。林则徐发布公告，要求英国人交出手中的所有鸦片，作为换取他们自由的唯一赎金。毫无疑问，钦差将颠地先生扣留的目的是把这位绅士作为交换毒品的人质。

商务监督立即自己坐上船，到了城镇里，因为他清楚地认识到，没有他的决定的话，目前的危机将导致两国商务关系的彻底决裂。

现在，尽管我们需要承认鸦片是非法的，但中国政府的程序仍须视作不可接受的，因为无辜的人因他人的生意而受苦，

---

① 参阅《中国报告》，第350页。

是违反了英国法律的。因此，作为英国利益的保护者，义律上校有责任将自己（英国政府的仆人）置于商人与中国当局之间。此外，英国政府不承认中国人有权扣押即使是有走私嫌疑的英国臣民。① 中国人明显有权拿走任何他们发现的走私货物，但不是逮捕猜测的走私者。

很快，监督一到，整个社区都成了秘密囚犯，仆人和仆役被命令离开主人，而主人则被限制在被官兵包围的家中。他们被监禁了7个星期。尽管义律上校向当局提议，陪他们登上河中的船只及任何可能发现毒品的地方，承认他们逮捕的权利；但是他们坚持其处理方法。义律感到危机如此迫切来临，重大利益处于危险中，责任感也要求他在特殊环境中应采取措施。他准备运离的茶叶还仍在港口中，英国没有收到茶叶，将导致严重的财政亏空。由于身处远离政府之地，他认为最重要的是拖延时间，以便等到政府对其报告的答复。因此，义律声明自己及其他一些英国臣民已经被中国政府强行扣留，他要求商人为了英王陛下的利益交出鸦片，随后几天又放弃了这个要求；据说，毒品被在小河口销毁了。然而，这似乎还不是问题的全部，尽管一部分无疑是被销毁了，目的是为了"保持钦差面子的清白"。这种猜测似乎增强了，因最近对马尔瓦鸦片的需求增加了。交出的毒品主要来自巴特纳和贝那拉斯，一年多的消

---

① 中国政府的法律否认外国人的利益，针对这种情况，英国当局拒绝承认中国对英国臣民的权力，因为无法期待从中国的管理机构得到公正；但是我认为我的叙述是正确的，一份照会曾被送往中国，英国臣民如能服从中国法律，应享受中国国民待遇。中国对照会的答复是否定的。

费量都被交出了。目前销售的①，一箱巴特纳和贝那拉斯的价值等于两箱马尔瓦（这是在交出毒品之前，现在已经反过来了）。这让澳门的商人意识到，市场上已经有太多他们自己的货物，应是私下被"满"大人们出售的——这是一种更合理的解释。

中方的敌对措施向英国政府清楚表明，没有英国政府直接干涉，国家的荣誉与我们臣民的安全都不能继续下去。因此英国政府应决定准备好部队，并尽早派到事件所在地。整个印度洋舰队都被下令驶向新加坡，因 F. 梅特兰德爵士的死亡，杰出的乔治·懿律指挥官被任命为其继任者，被期待与远征军在那里会合，带来大批的援军。援军中的一些来自好望角，其他的是为此特地从英国派出的。

义律肖像

---

① 根据平均值，中国每年出口的茶叶，到英国市场的价值是 3500 万。最近三年每年的消费量是 3700 万。

得到海军与陆军支持，英国政府将改变我们与中国的关系，使之更稳固及有利于我们的时机到了。不仅仅是为委屈要求赔偿，及支付在广州非法销毁的英国臣民的财产，而是要永久确立双方的关系。如果可能的话，被认为更重要的是——开放沿海不同口岸的贸易，并且得到将来不再发生类似事情的保证。尽管澳门与广州之间的分歧已到了很大程度，但仍值得恭贺的事情是，由于义律上校的决定，1839年所有的茶叶都送到了英国本土，大部分是从澳门用美国货船或其他国家的船只运输的，最后安全地抵达了英国，总量达3300万磅。

总督奥克兰阁下将准备好陆军①，把远征的装备交到指挥官手中。全权代表懿律指挥官及义律上校会与奥克兰阁下及本土政府沟通。同时，因为指挥官还未抵达，远征的琐事落到了海军准将戈登·伯麦爵士的身上，他抵达了在加尔各答的载炮74门的威厘士厘号。整个舰队将在6月中旬到达澳门海域。

在北部省份的奥克兰阁下，3月初到了孟加拉辖区，并立马加速准备远征。

在孟加拉装载运输了12000吨物资，军粮部门被命令准备9个月的粮草，额外的储备是从新南威尔士运来的，汽船的煤在运输中作为压舱物。从英格兰发出了一封包含英国政府要求

---

① 欧洲军团，第18团、26团、49团和37团；马德拉斯步兵及孟加拉志愿军；马德拉斯炮兵、工兵及地雷工兵。舰队：载炮74门的麦尔威厘号、威厘士厘号、伯兰汉号；载炮46门的都鲁壹号、布郎底号；载炮28门的康威号、窝拉疑号、鳄鱼号、加略普号、萨马兰号；小型护卫舰和横帆双桅船有卑拉底斯号、摩底士底号、拉恩号、纳姆罗号、海阿新号、巡洋号、哥伦拜恩号和阿尔及林号；蒸汽船有皇后号、马达斯加号、进取号和阿特兰特号。运输船装备了2支枪和大艇的6磅大炮。

14

的信件，由全权代表在军队一到广州后，就交给北京的朝廷，或者在其他可能有利场合的时候将公文交给中国政府。

皇家第 26 团的奥格兰德上校在远征中将享有军事指挥权，因为普遍的意见是，高级官员布瑞尔上校将得到渴望的晋升。

最新的决定是，5 月 21 日之前，远征军能在新加坡安全等候指挥官，这一天之后他们将前往广东，开始行动。因为 7 月、8 月及 9 月是一年中最糟糕的月份（台风通常发生在这个季节），主要目标是在遇到这些糟糕的飓风产生的危险之前，使远征军抵达中国海。

要达到的一个首要目标是占领一个小岛，作为部队及军粮的基地，将来的某一天可能作为建立贸易的基地。最开始注意到的是大屿山岛，在广州河流的入口处，被认为是一个好的支撑点，它应该用来对抗该城及虎门的炮台。印度政府提议①，远征军一抵达，就应该发动炮击，将对方夷为平地。但是在广州的英国官员有不同的意见，他们认为如果简单的摧毁，中国人将明显知道他们的弱点，将来很可能更仔细重建，更具威胁性；另一方面，如果在战斗中占领并控制他们的话，在事情安定后又归还些东西，他们会高兴地接受，而这些地方在中国人手中控制，永远不会令英国军队难以应付。

最后决定，在所有战斗行动中，政府官员是攻击的目标，无论哪里，一有机会就应安抚民众；但是那些很熟悉军事力量

---

① 这个建议随后被否决了，因为本土政府很希望避免流血，直到所有和平谈判都告失败，因此被推迟到以后使用该建议。

的人肯定清楚并了解军事行动应有灵活性，在处于抵抗状态的国家，实施上述想法必定是困难的。

很多人认为，因为我们的商人在广州遭到了持续伤害，英国国旗被焚烧，女王的官员被囚禁，应该首先给那里一次教训，施加第一次惩罚。其他人又认为，应该首先进攻舟山。由于其位于扬子江口，及必然的商业重要性，是进行行动的更好地点。这条大河可以说是中华帝国身体的主要动脉，内陆财富的来源。就面积和航行便利，世界上没有任何超过它的；同时，就其内部而言，不仅中国的中心部分靠其获取生存及财富，而且北部省份的交通同样如此。它通过人称"大运河"的运河与白河联系起来。该运河是一杰出的工程，在中部贸易中起主要作用，实际上从南方一直流到中国的北部，最后到达距北京不到40英里远的通州小城。在河口占有据点的好处是显而易见的，因此决定在舟山建立我们军队的总部。

对付一个像中国这样顽固的国家，需要快速而又强大的行动，应该立即使其大吃一惊并陷入瘫痪之中。"喋喋不休"，是他们谈判时最喜欢的表达方式，也一直是我们对华政策采用的方法；现在，宗旨是以坚定的决心实现我们的目标。①

在舟山建立军事据点后，总司令的下一步是，在义律上校的陪同下，向北进军到白河口，从那里努力与中国朝廷取得

---

① 单词"坚定和决心"不表示劫掠和杀戮；公众一般似乎批评远征军首脑试图最后与对方政府和谈而非战争来解决问题，在和一个国家的对抗中采取战争的方式是非常幼稚的，更应得到屠夫的名号，那样做当然不能增加英国的荣誉。

联系。

很多人认为福建和浙江人敌视他们的统治者，因此似乎最好发展与他们的友谊。一件事是确定的（随后我们就有机会看到），前一省份的人们是最投机的商人，敢于在所有沿海走私。这些海岸和台湾岛之间进行的棉布、大米、糖等等的贸易，是难以估量的。中国人目前控制了该岛，一连串山脉贯穿这个美丽的岛屿。

一些人可能不知道，很多年前在舟山岛有个英国工厂，它是由东印度公司建立的，但是在他们手中是无利可图的事业；因为政府大幅增加了来自英国货物的进口税，以至于当地的帆船从广州运来货物，能以比英国商人低的价格销售。这是工厂为什么关闭的原因，然而其位置的标志仍能在西部边缘郊区看到。因此，通过占领岛屿，能否实现可盈利的贸易，还是个疑问。不在于清朝官吏显然会不友善；相反，他们将来似乎可能支持我们，或者用他们的话说，"珍惜"我们商人。但如果他们再次决定对外国人运来的所有货物，征收如此高的岛屿过境税，人们将不会成为购买者，这将成为一个难以克服的体制性障碍。

另一方面，也要必须认识到，自从机器发明后，之前除了富裕阶层外，其他阶层无法得到的商品，现在连最卑贱的人也可以得到。200 年前，本色布及类似的商品在中国能以比英国棉布低得多的价格出售；但是这种本土的制品几百年来没有大规模增加或减少成本，只是随着随时变动的人工成本、多年来的产量或者过剩或者紧缺而变化，然而科学的进步使得以前在英国售价 10 元的欧洲商品，现在能以 2 元在中国沿海出售。

清朝官吏及富人当时是仅有的消费者，但现在新的主体，其人口数量庞大成为了购买者；因为很明显，当他们以低得多的价格，拥有了与自己生产的差不多或更好的商品时，他们会被卷入市场，他们的精力必要转向其他的就业渠道，以勉强维持生活，以及购买的能力。茶叶、生丝及加工的丝绸，多半都会从浙江、福建及江南沿海用船运走，以交换呢绒及人造丝布。因此茶叶的价格降低了，英国的贫穷阶层中有了茶叶消费者。我们中一些人有机会访问北部省份，看到了在一个易受温度变化影响的国家里，呢绒及御寒衣物有现成的市场。不可能计算出需求的平均水平；因为沿海帆船的大量损失及内地运输的费用阻碍了居民感受到我们价格降低的效果。但是，当考虑到大量欧洲工业制品在南美西海岸找到了销路，而那里只有 900 万人，与现在中国沿海的销售量相当。在一个据信有 3 亿人的国家，中国的供应量一定远远少于实际的需求量。

如果这一讨论是合理的，消费量的大量增加自然是可以期待的。清朝官员应该发现，他们无疑也会发现，通过贸易的垄断可以获得利润。可能最后他们自己的利益会引领他们，现实面对他们迄今为止盲目驱逐的东西。

第二章

杂　记

新加坡之旅—马六甲—它的野蛮居民，伯努阿人—新加坡—大量的菠萝—描述鸦片吸食房—远征的进展—抵达舟山

1840 年 5 月 8 日，我们乘来自加尔各答的康威号快速帆船起航，该船船长为我的旅行提供了很好的服务。曾经听到过很多有关胡格利美景的传闻，对于它的景色，总体上我感到失望。从他们的近海地区来看，两岸的低地单调而富饶，但是树叶使得景色很丰富。在海面颠簸了差不多 4 个月，除了一望无际的蓝色，视野所及再无他物。当人们从英国出发，经过漫长而枯燥的航行之后，第一次看到这些绿叶繁茂的堤岸，我很理解他们对它的赞美；但对于东方的旅行者来说，那种明亮的单调颜色的景色很快令人厌倦，他渴望更多崎岖的地形使景色多变。蒸汽拖轮没有足够的动力拖我们到下游，因此被送回了，几天后，另一艘赶来救我们。胡格利河口很多船几乎被吹断桅杆，载有 200 名孟加拉志愿者的两艘运输船受损严重，返回去修理了。

风轻而多变，直到 21 日我们登陆，进入新加坡的海峡，沿着马六甲海岸航行。

景色的丰富甚至延伸到了水边，那里有各种各样闪闪发亮的树木，其树枝浸染在海浪中，芳香而刺激的气味使临近海滨的空气中芳香四溢，而背景是一系列起伏不平的山脉，其中俄斐山是最高的。

雷暴雨之前及雨中的天空色彩是热带气候最壮观的景象之一。云朵在高处悄然而至，直到头顶，然后突然下起倾盆大雨。与更北纬度地区的云不同，许多大片的不同颜色的火焰般的云朵，透过周边的天空射出明亮而多变的光线。

俄斐山因其名字与金矿而受到旅行者的关注。从形状上，它像维苏威火山，山麓延伸有数英里的大片森林，森林里住着大量野兽以及比动物更凶猛的野蛮人。马六甲城坐落在海湾尽头突出的地点，因其位置与建筑在海上形成优美的景色。

山中矿石的开采规模很久以前比目前大很多，现在仍旧做这种生意的人只有一些中国人和葡萄牙人。作为提供保护的回报，部落首领向他们征收一种勒索税款。然而，丛林地区有大量的部落，仅仅一部分部落首领无法保护他们。当需要穿过丛林，把辛苦挣来的金子带到沿海时，很多人在途中遇害，数百人被抢，所以运输是一个主要的危险所在，充满不确定性。

如果与本地居民相关的故事以及该国的风俗习惯确实建立在事实的基础上，那么林中野人的传说一点也没有夸大。

新加坡景色

一位在该国长期居住的绅士，经常在旅行中接触到该国的民众。他向我描述了丛林居民的习惯。他们的习惯是如此的奇怪，几乎难以置信。但是，由于其他权威人士也描述了相同的内容，因此我大胆地记录下它。

　　其中一个居住在丛林中的部落是伯努阿人，据信是该国的土著。除了被抓或武力扣押，他们很少来到这个大陆更文明的地区。他们身高很少超过4英尺4英寸。当孩子到了成年的年纪，他们杀死父母，以为自己一代让路。逝去的父母的头骨是他们保留的唯一象征，提醒他们，他们的父母和他们一样面对无常的命运。直到今天，我还相信故事中有真实的成分，就像下面这个事例，由于岛上发现了比较大的猴子，但是不是婆罗洲本地所有的猩猩，这导致产生了很多荒诞传说，再由轻信的旅行者把这些传说传递给了公众。

　　我们在27日早上抵达新加坡。海港的入口处布满了圆锥形的小岛，茂密的树木一直延伸到水边，覆盖着菠萝树的种植园直到山顶；马六甲陆地，如我之前描述的，远方是高山和茂密的丛林，而苏门答腊陆地是低低的蓝线，从沿海的不毛之地到远山的悬崖峭壁，不同的变化是显见的。说此地与令人厌倦的印度景致相似，应该是比较准确的。

　　可以看到马来亚快速帆船在岛上突出的树下悄悄滑行，从一株繁盛的植物当中迅速通过，到达了另一株植物。它们的外形长而优美，二三十个船桨在月光下闪闪发亮，就像快速三桅帆船一样在静静的水面滑翔。如果商人们粗心或者不够谨慎，灾难将会降临到他们身上。因为，尽管不能跟很多年前相比，这里还仍然存在着海盗。

新加坡城存在时间还不过 20 年，然而贸易已几乎与孟买相当。这个地方本身很小，最近才与丛林隔绝。在山脚总督居住的平原上，是面朝大海的房屋，分属于不同的商人。

一个表明它最近才刚刚摆脱野生环境的特征，是相当数量的老虎仍然游荡在城镇外围地区。它们甚至进入居民的花园和院落，好像是不愿意离开古老的领地。

没有在港口推行低税似乎是英国政府的一个错误。海峡开销巨大，船主和商人似乎不太在意由港口税构成的低廉税收会对生意有任何影响。目前，那些获利并有支付能力的人却免费通行，而这片土地上不幸的居民则背负着税负，这使其陷入贫穷困苦之中。

1838—1939 年法定年度，新加坡的进口贸易合计 26173814 卢比①，出口合计 23382832 卢比②；而之前的 1837—1938 年的总吨位报告显示，不少于 31 艘船和英国毫无关系，平均每艘载重 315 吨，主要载运贵重货物，仅沙金的重量就有 8 担③。显而易见，很轻的税就能为该国提供很大的财政收入，以支付海峡的支出，救助目前不幸的、经济困难的居民。

在女王陛下统治下，没有地区像新加坡岛这样缺乏女性。

---

① 2617381.8 英镑。
② 2338283.4 英镑。
③ 一担的金等于 133 磅。这里所有的报告都仅是当地贸易。

不过可以期待的是，孟加拉政府开明的总督声明，将注意这一问题，要从印度沿海运送女性来缓解这一问题。

运到这里的罪犯主要在丛林中服务，清理并砍出道路。由于海峡总督伯纳姆先生严格而优异的管理，据说远好于新南威尔士流放罪犯的殖民地；因为服役环境良好，这里的罪犯都把流放至此视作是他们"罪有应得"。

目前这块土地上的大部分人口是中国人，他们的父母自中央帝国漂泊而来。这些最勤劳而又不知疲倦的劳工，品质和力量远好于印度及临近地区的更黑的移民。他们已经在城市郊外建立起集市，还建造了一座神庙，即曰庙宇，我们第一次来的时候刚刚完工。建筑立面及周边木质品的一些雕刻很漂亮，典雅而又细腻；但是大而丑陋的猛兽与龙的塑像，以威胁的姿态矗立在祭坛周围，给崇拜之地以怪异的外观，除了佛教外，在其他宗教中都没有发现这样。在蓝色和红色猛兽之间，立着6英尺高的天后的塑像，塑像镀金，华丽地穿着中国丝质的刺绣服装。这似乎是他们崇拜的主要目标，在高的雕刻的祭台前装满泥土的小钵中燃烧着香。

建筑外面贴着绿色和蓝色的陶瓷，屋顶的边缘用动物、怪物或花形状的雕塑品装饰着；每面向上的墙顶都被深深雕琢成像希腊柱子的檐口作品。由于多变而绚丽的颜色及高抛光，总体给人眼一种新奇而愉悦的效果。以前，我已经见过很多中国的房屋与寺庙，以及进口到英国的古老瓷器的绘画，令我震惊。这是对这些非凡的人们的建筑和雕塑最好的描绘。令人惊讶的是，他们在主要特征方面的准确度。

太阳升起前，能看到装着菠萝和其他水果的船驶入港口。前者尽管不能与英国温室中的相比，但其更好的味道，是东、西印度生长的同样水果无法匹敌的。此地的菠萝是如此多，以至于船长通常整船地购买，利用其所含的酸性的变白特性洗刷甲板。但是，在这里，最初也只有在这里，山竹是所有水果中最美味的，一旦吃过就难以忘记。常常，在东方闷热的早晨，旅行者会想起他在这里吃早餐时几篮子冰凉而又美味的水果。

在此地，我有兴趣拜访的一个地方是鸦片吸食者的"天堂"。那当然是一个很可怕的景象，尽管从表面看，鸦片吸食者精神上可能不如堕落成畜生、沉湎于污秽中的酒鬼可耻。这些白痴笑着，像死了一样恍惚。但是凝视之下，鸦片成瘾者有远比后者兽性更可怕的东西。当我们看到人们因毒品而成为废物后，其憔悴的面颊和消瘦的外貌，如果可能的话，同情取代了其他的情感；但是看到人类因毒品堕落成野兽，厌恶是最主要的情感。

城市的中央有一条街全部都是鸦片馆。在这条街的晚上你会看到，在结束了一天的劳动后，成群结队的中国工人，会去寻找一个烟馆来满足其堕落的欲望。

吸食的房间周围是木沙发，沙发有地方让头枕靠，旁边通常有个房间用来赌博。烟管是直径约一英寸的芦苇杆，碗里吸进鸦片的小孔比针头还小。鸦片是以膏状的形式存在，花很少的钱就可以买到。一根烟管能吸食一口，最多两口，像印度的水烟筒一样，烟被吸入肺里。对于新手而言，一两烟管就有效果；但是老手要持续抽好几个小时。沙发头部放着一盏小灯，因为在吸食过程中毒品一直要有火；由于装填和正确点着烟管的困难性，一般有一个人等在吸食者旁边进行这一工作。

经过这吓人的奢侈享受几天后，吸食过多时，会使人脸色看起来苍白而憔悴；几个月甚至几个星期后，会把一个强壮而健康的人变成不比白痴好多少的骨瘦如柴的人。在养成长期的习惯后，如果他们被剥夺了毒品，所受的痛苦是用语言都无法形容的；只有当受到一定程度的影响时，他们的感官才是活的。在毁了他们的房子里，可以在晚上九点钟，看到处于不同阶段的这些昏了头的人。一些人进来是为了分散他们白天被迫压制的强烈欲望；还有人在第一管的作用下放声大笑并大声说话。沙发周围满是不同阶段的成瘾者，慵懒地躺着，脸上挂着白痴般的微笑。在毒品的作用下，太多过去的事情都消失了，他们迅速随着鸦片的吸食烟消云散了。这一悲剧的最后一幕通常是在建筑后面的房间里的停尸房，那些身体伸直了躺着，进入了鸦片吸食者疯狂追求的极乐境界——盲目急促地进入了长眠。

我们在新加坡逗留期间，旗舰威厘士厘号的船员在梅特兰船长的指挥下，在海滩演练，他高度重视军事素养，很快使350名水手进入纪律严整的状态，总体而言，不比我们军队中的轻骑兵差多少：他们在陆上进行的遭遇战和掩护，使我想起了我的老部队；他们身穿绿夹克，我确信任何步枪手都会为其新兵感到骄傲。

30 日，舰队准备起航，总共有 24 艘船。等了很久，已经超出规定时间，上将还没到；指挥权因此仍由准将戈登·伯麦爵士掌控。

远征军很快就失去了第 26 苏格兰团指挥官奥格兰德上校的可贵服务。他一直深受疾病的折磨；在部队抵达中国沿海前，这位杰出的军人在疾病的侵袭中丧生，他是一名有才干的官员和绅士，大家都怀念、尊重他。

旗舰在一艘小型护卫舰和轮船的护送下，进入澳门水域，舰队的其余船只留在外面，等待高级全权代表义律上校做出最后的安排。所有人都翘首企盼，希望占领虎门炮台成为紧张战争行动的序曲。然而，英国对此表示反对，最初的激情注定要受到严重抑制，鳄鱼号接近康威号，在信号拉高后，向北行进。然后失望降临到所有人，那些一直高兴地期待在虎门的战斗中获得荣誉的人，现在无精打采地在甲板上走动，不愿也无法掩饰他们的失望。

因此，攻击推迟到等总司令到来再决定，但是在河口实行了封锁。

我有幸担任代表团的军事秘书，直到总司令到来，他最终确认了我的任命。我在牛鼻山登上旗舰。在进入舟山港之前，该地现在是舰队集合的地点。从澳门带来了两三名翻译，其中传教士郭士立以长篇作品《开放的中国》而知名，但是他的长期劳动导致他具有惊人的食欲。日期及关于财政等的准确的叙述，在任何国家都很难准确地获取，尤其是在这些遥远的东方大地。像中国人这样小心的种族，不可能会允许陌生人详细了解他们的内部政策。因此，这位尊敬的绅士的错误似乎不是由于有意地错误叙述，而是厚道的倾向，他过于相信这个国家的原住民。

7月2日，我们在舟山入口处抛锚，而非在群岛中间，因为它们分布过于密集，每座岛屿上的作物挡住了视线。这里的劳动者们似乎与自然融为一体，自然也赋予其无限的赠品。

当潮水退去时，我们发现自己抛锚在渔民在海中覆盖了好几英里的渔网丛林之中；可怜的渔民很快就来到旁边，渔网的主人因我们无意中引起的破坏而十分痛苦。

他们中的一些人上了船，翻译证明他们无力履行其职责，不同省份的方言使得一省人听不懂另一省的：不过，因为他们大多会写，拼写上不存在差异，我们因此能交流。

其中两人恼怒地充当了领航员，穿上了水兵的衣服，这似乎使他高兴。因他们的长辫子和大声地"吆喝"，使他们成了水手们的大乐子。他们最初猜测我们只是商人，从未听过南方的骚乱。当问到岛上的官员及军队时，他们向我们保证，前者会很宽大、仁慈地款待我们，可能会允许做一些贸易；但当我们说我们计划去占领并驱逐他们的官员，他们抬起手，惊叫道，"不可，不可"。

第三章

占领舟山

7月3日早晨，贝休恩上校乘坐汽船，进入内港勘察航道。他当天下午返回，第二天我们也进入了内港。河道很窄，汽船在小岛和岩石中间掉头时，在沙洲上搁浅了。其74马力的动力，在高速运动中，如果碰上岩石瞬间会将船体撞成上千个碎片。我们从船尾甲板高处检视了差点遭殃的汽船，因没有开足马力而避免了其被立刻毁坏。幸运的是，威厘士厘号自己一会儿就撞到了地上，冲击力因而减轻，只是擦过船舷，它失去了对右舷明轮罩的控制，被推到河畔更高的地方。

进入这个美丽的港口——它很漂亮，不论那些讨厌它的人如何断言——海滨及海边的高处似乎有着稠密的人口。

城镇的郊区平行地延伸到水边，形成一个码头，沿着码头可以看到一大片商船。一进入港口，11艘中国帆船向我们冲来；但当我们前进时，它们渐渐退了回去，占据不同的位置，最后在商船前形成一列，保护海滨免受入侵。

这些粗陋的战船长旗飘扬，炮口通红，船尾着色，每艘载有约50人，很容易分辨出来。

我们右边是200英尺高的小山，山顶矗立着一座庙宇；这里的士兵已经就位，简单设防和稍作安排，就可能会给我们造成麻烦。

山上的军队，适当的估算，总计有800人；这里陈列有6门大炮，他们既无法把大炮对准也无法进行瞄准。附近前面沿着码头的是另外30门同样的火器器材，左边的中心是一个小圆形炮塔，装有另外8门炮。这里部队可能有600人，然而由于居民中很多人帮助用粮食袋子在城墙构筑防御工事，很难说军人的确切数字是多了还是少了。

7月4日下午，我陪同女王陛下的舰艇威厘士厘号指挥官弗莱彻上校登上了中国指挥官的帆船，我们通过更多的旗帜及船尾所绘的三个虎首认出了它。我们的命令是招降，让城镇和岛屿在6个小时内投降。

当我们与指挥官的帆船并排的时候，他们运出了船舷上的大炮；但是在他们准备好抵抗前（如果他们有此意的话），我们与翻译一起跳上了船，被似乎从船上每个缝隙里聚集而来的人群包围了。当从岸上看到我们登上了帆船，很多人从城里涉水过来。

他们表现出极大的敌意，但是很礼貌地接待了我们，告诉我们指挥官及当地的其他大官都在岸上；但他们已经派人通知了我们的到来。逗留期间，他们奉上了茶水，但不像英格兰的女士们所喜欢的，因为中国人总是喝的很淡，所以水几乎没什么颜色，植物的叶子构成了令人恶心的混合物。半个小时内，总兵①及其随从来了；他是个老人，脸上挂着鸦片的痕迹；戴着红顶的帽子。根据不同的级别，其他官员分别为蓝色或者白色，这些成为皇帝以下区别等级的标志。

我们打开劝降书，他们当着我们及聚集的军队的面读了起来：低沉的喧哗声和越来越多的人加入其中，提醒我们是在一大群有敌意的人中间；从那一刻开始，我怀疑起在印度广泛传播的幻想，中国人仇恨、厌恶他们的统治者，但是这种幻想似乎没有任何基础。

向人们宣布的劝降书声称无意伤害他们，而是为了反对他们的统治者及其官员，我们来此并发动战争是因其不公正的行为。他们对此似乎完全清楚；但是比起统治者，他们更讨厌外夷的入侵；他们紧握的双手和焦虑的面孔向我们证明了，我们是在一群万分期待公正的外国人来推翻令人厌恶的暴君奴役的人中间的观念，是多么离谱。

经过一些交流之后，他们同意陪我们去旗舰，对于我们作为人质待在他们船上的提议，他们马上拒绝了，并请我们在他们去往威厘士厘号的船上坐下。

在这里，我们重复了他们已知的一切；解释了我们对此地

---

① 总兵即指挥官。他被认为是包括舟山及附近地区的当地所有陆军及海军的头领。

的敌对行动的理由与目的。他们抱怨了为我们在广州所受不公正对待负责的困难，理所当然地说："你们应该对那些人开战，而不是我们这些从未伤害过你们的人；我们见识到了你们的实力，知道抵抗是愚蠢的行为，但如果我们不得不与你们作战，那我们一定会恪尽职守。"

戈登·伯麦爵士提醒他们，在试图抵御他们认为注定失败的事之前，应考虑清楚。他们允诺这样做，爵士给他们时间来协商、仔细考虑此事，直到第二天早晨。他们离船前最后的话是："如果你到日出前没有收到我们的回复，我们将自己承担其后果。"

当在战舰的甲板上时，对于战舰的规模及装备的大炮，他们没有表现出任何的吃惊之情。一个后面我还会提到其命运的人，在会谈中也拒绝吃任何点心，除了一些甜酒，他们似乎很熟悉这种酒。

那天整个夜晚，海滨都呈现出极美丽的景象，周围的山丘和郊区好像一大片可以移动的五彩斑斓的光。在中国，没有人晚上出门会不带这些彩绘的灯笼，手提着，或挂在短竹竿上。通过灯光的帮助，我们可以看到人们忙着加固堤坝，把旋转炮和新到的大炮准备就位。

通过黑暗的影子，可以看到商船拉起厚重的锚，从舰队旁偷偷溜走，船帆半挂，载着商品货物，挤满了妇女和小孩。这些船只还是被允许不受干扰地通过，尽管很多船长可能因为船上的货物而发大财。

没人能否认，为避免这些昏了头的人流血，司令官采取了符合其贵族身份的所有宽大为怀的行动。

第一，正如他们最理直气壮的言论，让他们因广州政府的行为而受苦似乎很不合理，我们每个人没有对他们进行报复的仇恨；第二，从数量上看，我们的武力远比他们优越，但他们自己认为，尽管他们一方的胜利不可能，吃败仗也不会损失什么；第三，对于一个当时有望在未来成为合适的商业地点的地方，通过和谈及温和的尝试，不会给人们留下痛苦的回忆，很可能可以获得更多。如果战争是必须的话，将会有更深远的影响，如果攻击某地，而这里的中国人认为自己是最无辜的，那将更多地伤害他们的自尊心。

然而，事情并未如此发生。1840 年 7 月 5 日上午，这一天，女王陛下的旗帜注定要飘扬在属于天朝帝国的这个很美丽的岛屿上，欧洲人的旗帜第一次作为征服者飘扬在中华大地上。

这一天的黎明带来了与此前一样的景色，除了庙宇山上架起了一些大炮，可以看到积极工作的清廷官员在码头跑来跑去。不久，观察到他们随各自的军队站在不同的位置，其中一个与其部队在圆形炮塔的最为引人注意。战船整队完毕，挤满了人。

英国战舰排成一列，左舷排炮对着城镇，距码头和山脚200 码远。它们包括载炮 74 门的威厘士厘号，28 门的康威号、鳄鱼号，18 门的巡洋号、阿尔及林号；10 艘横帆双桅船。8点，举起信号，准备行动。然而司令官一直忍而未发，希望对手最后会后悔，直到 2 点部队才离开了分舰队的运输船，在战舰的后面排成两列就位，在炮火的掩护下登陆。2 点半，威厘士厘号向圆形炮塔发射炮弹，立刻遭到了全线的帆船、堤道及山上大炮的回击。然而该船对着城镇一侧舷边排炮齐射，横木崩溃，房屋倒塌，人们的呻吟声回荡在海岸边。对我方的火力攻击持续了 9 分钟，但即便在停止后，仍能听到一些未受伤的帆船的一些射击声。

当烟雾消散，大片废墟呈现在眼前，在那些前不久还有人声热闹的地方，现在只能看到一些伤者；远处可以看到人群四散逃跑。一些令人敬佩的人扛着船上的伤者进了城，我们的总兵朋友在轮射的行动中失去了一条腿，被几个忠诚的人背下了船。这里也随便说一下，他被带到了岛屿相反方向的宁波城，尽管因其勇敢而增加了荣誉，但由于徒劳的防守，他因负伤只多活了几天。

在最后的攻击开始前，司令官及其随员离开了威厘士厘号，船上的部队紧随他们而去，当战舰通过时士兵欢呼，回声充满整个港口。

我们登上一处僻静的海滩，地面上只有一些尸体、弓和箭、坏了的矛和枪炮。

从船上抵达的人在堤道上排成一长列，第 18 团沿着通往山上庙宇的台阶前进。一到了山顶，我们就看清楚了船上看不见的内城。它坐落在山后的盆地中，自高处俯视景色优美。可以看到墙上中国军队的旗帜，而人们聚集在城墙上，敲打锣鼓，双手示意我们攻击。他们用低劣的侧舷炮开炮，从他们的炮台

战争场面

清军反击 （一）

清军反击 （二）

上既不能抬高了打，也不能压低了打，由于使用的火药的类型很糟糕，不能对我们的军队造成任何伤害。

在离开船只之后的两个小时内，马德拉斯炮兵部队部署好了4门大炮，对城内进行了几次炮击。前进的警戒哨已设置好，中国人从城墙上向侦察部队开火，不论是否能看到对手在哪里。夜晚开始降临，司令长官们希望为部队寻找掩护，因为布雷尔准将已经决定第二天早晨前不攻城。中国人直到晚上10点，一直在开火，在炮火掩护下，他们后来好像弃城了。

当晚，对方的一些官吏被我们炮击而死。总督因为被人们指责为懦夫，在水中自溺。

第二天早晨，从高处可以看到该地已被放弃；通过山谷中狭长的通道，可以看到上千人四处逃散。跨越外面沟渠的桥梁昨晚已经被破坏，部队被迫暂时停止前进；城门也设下了障碍，围绕着城市的城墙非常坚固。然而，很快英国的旗帜就飘在中国城市定海上空；城墙上满是长矛、火绳枪、发射火箭及箭镞；胸墙上一包包生石灰都打包好了，这是他们打算在夷人试图翻越城墙时弄瞎他们眼睛用的。

一些工作人员在翻译的陪同下进了城，去安抚害怕的居民，而部队仍然部署在护城河外侧。

主要的街道几乎完全被抛弃，除了当我们经过时，到处是磕头①的吓坏了的人们。大多数房子上贴着"饶命"；一进入

---

① 地位低的人向地位高的人行的礼仪，跪着以头触地。

庙宇，就可以看到男人、女人和孩子们跪着，向神明烧香。尽管我们承诺保护他们，他们的恐惧似乎一点也没有得到缓解。

很多人带着掠夺的东西，撤往通向农村的黑暗小道。我们随后发现，运走的物品大多是由当地的强盗带走的，而不是合法的拥有者。

最后我们来到了总兵府，通往入口院子的门上画着丑陋的画像，据说象征着正义与惩罚。在用来判案的大堂一侧，可以发现躺着的拶指和藤条。通往里屋的路称作先祖殿，穿过开阔的庭院，周边是政府职员的办公室。一些没有完成的信件和文件，表明他们撤离该城时的匆忙。穿过院子，我们进入了警卫室，再次走过篱笆，在其南段可以看到大厅。这里的沙发上是抽了一半的烟管，以及装着没有品尝的茶水的小杯子。外套、官帽及刀剑混乱地摆放着。继续搜查下去，我们终于来到了女士的房间。这些房间布置很奇怪，各种类型及用途的衣服扔得到处都是。丝绸、扇子、瓷器、小鞋子、拐杖和彩漆罐——中国女性的如厕用品，扔在地上，表明了令人伤感的混乱；很多这些鞋子被我们作为战利品而占有了。①

日出前，一些军团驻扎的郊区着火了，昨天从舰队上运来的枪炮遭到了严重的破坏。船上作为攻城时后援部队的士兵，第一时间发现了火情，然后和船员被召集在了一起。他们立刻放下手边的工作，直接带着消防桶登陆，帮助灭火。天还很

---

① 文中"loot"是孟加拉语中的战利品，顺便说一下，他们是收藏奇特物品的行家。

黑，海滨的大仓库里储藏有白酒。这是一种类似威士忌的酒，从大米中蒸馏出来。拆下来的武器弹药散乱地丢在地上；在该地倾塌的废墟中间，死去或受伤的中国人还在躺着。突然喷出火焰的大火，很快烧到弹药桶，爆炸发出巨大的声响。然后看到火焰跃上装有白酒的房子；伴随着巨大的光亮，与另一片火焰连在一起，直到港口中的所有船只都被火光照亮，流淌的酒精的亮光映射着士兵和船员。

昨晚官员们竭尽所能的破坏白酒，现在这儿整个地方似乎都像是流淌着酒精的工厂。

一些人认为这场火是中国人引起的，但似乎更可能是因士兵自己不小心而导致的。登上我们曾承担劝降责任的指挥官的帆船，发现了 5 个受伤的人，他们没法跟其战友一起逃走。舱板上覆盖着凝结的血块，指挥官的文件、碗和筷子①仍在他吃完最后一顿饭的舱房里。其中 2 个人死了，另外的人中有 2 人已被舰上的医护人员施行了截肢手术；第 5 个是曾陪同指挥官拜访威厘士厘号的年轻官员，痛苦地翻滚着。看到了医生进行的手术，他指向他失去的肢体，紧紧地攥着手，乞求他们看情况做些事，减轻他的痛苦。但情况太过严重，用过了所有的治疗方法，几个小时后，他停止了呼吸。记得比起登上旗舰的其他任何人，他表现出的对一切的好奇心与坦诚，曾给旗舰上的人带来了很多乐趣。

---

① 小象牙棍子，像女士的编织针，他们用来代替勺子和餐叉。

英军在定海

定海城或称为定海营，占据了山谷，更准确地说是峡谷入口的很大一片地方。附近的山丘长满了野生的灌木丛，其中茶树最多。城市所在地被繁茂的水稻田围绕着，除了后方有一座美丽的山丘俯视着整个城市，上面点缀着挺拔的树木群，山丘的一部分也是城墙及包围整个城镇的防御工事的一部分。两条铺好的路通向海边的郊区，距庙宇山左侧约四分之三英里。郊区及附近的建筑似乎是由属于城里商人的大仓库组成的，非常便利于船运及卸货上岸。包围着定海的城墙，厚度约16英尺，高度约20英尺，有4个门，与罗盘的四方相对应，穿过马拉塔形式的堡垒，主要的一个位于朝海的南端。除了西北角，运河环绕着城墙，充当了防御工事的壕沟。两个火药库，一个坐落于南边，另一个在东边，物品堆放整齐，放满了弹药及制造弹药的工具。墙上挂有抬枪及多种口径的火炮，但没有一个超过能发射9磅炮弹的。墙砖上靠着替换的炮膛，八九个炮膛串在一起靠在上面。很多房子刷着油漆，外面很光滑；而屋顶是建筑最华丽的部分。很多气派的房子附带有漂亮的花园，并由一座高墙将其与城市完全隔离开。一些房子的内部摆设和雕刻很精美。其中一所据信曾是一位文人的财产，最初开放的时候，所有人都惊叹赞美不已，现在住着地方长官。中间的院子铺着整齐的地砖，周边环绕着不同的房间；门、窗框以及支撑着单坡屋顶的顶梁柱，雕刻朴素，样式优雅。天花板和护墙板里面布满回纹，这肯定需巧妙而仔细地进行雕刻。家具保养也是一样，显示中国人的品位水平，在总体上不输给我们。放床的地方是女士睡觉的房间，是很大的寝室，因为它们很难被叫做床。在房间的一角是独立的卧室，约8平方英尺，高度也一样。这外面通常漆成红色，雕刻并镀金。入口是通过圆形的洞口，直径3英尺，有可移动的面板。里面是一张长沙发，很大部分盖着松软的毯子和橙黄色丝绸的厚帷幔，床内也被抛光、绘画。一把椅子和桌子是这个豪华的寝室仅存的家具。

很多公共建筑引起了那些以为他们在半野蛮国家的人的惊叹。他们的公共武器库中存有各种类型的武器，在不同隔间里摆放的极其整齐而规律；士兵的衣服同样贴有标签和号码，填满了大衣橱；弓箭的大小和强度引起了特别的注意，被仔细地分开排列。每个军火库都附带有消防设施，就像那些在我国使用的。

政府典当商人的商店同样引起了兴趣，里面可以发现各种衣服和物品，明显有属于上层人物的物品，也有属于下层人民的物品，因为拿到这里的很多皮衣是很贵重的类型。每件物品贴有主人的名字及典当的日期。这是地方政府筹集补给的另一种办法。库房通过估算，有严重的不足，因为没有在金库里发现金条；这很明显是被政府官吏带走了。

定海城里布满相交叉的运河，运河流经很多主要街道的背面，这使得居民能将货物从自己家里毫不费劲地运到城市的任何地方，通过我们第一次进入时被封锁的水门，与郊区和港口连接起来，十分便利。

根据我们所见及听他人所说，此地的一些庙宇在中国是无与伦比的。马嘎尔尼大人随团出使中国时，提到澳门的一个庙宇，是他们在旅途中所见过的最好的；但是所有那些参观了定海主要庙宇的人，一致认为这里的要好得多。在这个大庙里，一些主殿的塑像高度超过 15 英尺以上，制作得很精美，矗立在巍峨的底座上，而墙边是同样类型的小塑像，有各种奇怪的姿势。我们特别注意到一个女性的塑像，有个孩子明显产生于她的胸部，她头上有光。似乎很难说这是怎么产生的，除非来自中国之前从耶稣会传教士那里获得了圣母像，然后误解了。一头白象同样是很大的讨论话题，迄今只知道是缅甸和暹罗的崇拜偶像。

前一天晚上，中国人进行了拼死抵抗，因为那时他们的妇女在城里，他们的行为给我军造成了一些麻烦。但是爬上并占领了山丘后，那里自然地成为了攻击点，城市立刻落入我们手中。如果他们不逃跑，肯定会造成严重的人员伤亡。然而，他们及时撤退，躲了过去。在任何房屋中都很少发现女性，尽管中国人整个家族当时都住在城里，并锁在房子里，直到日后部队占领该城，用作冬季营房才发现。我们在这里看到的所有女性都是小脚，在南方，这通常是更高地位的标志，小脚女人走路时使用拐杖。从官员及富人家中拿走的丝绸是质地最好的，上面绣着华丽的刺绣图案。

7 月 7 日，懿律司令官指示与港口保持一段距离，第二天他命令在外海抛锚。在试图通过我提到的威厘士厘号与汽船相撞的狭窄航道口时，麦尔威厘号撞上了岩石，很快麦尔威厘号

懿律肖像

严重受损。司令官因此在外面抛锚，乘坐汽船进入港口，抵达登上了威厘士厘号。他自己的船必须要开去维修，之后不久他在威厘士厘号升起了他的旗帜。

奥格兰德将军在航海中死去，于 11 日下葬，因为他团里的意愿是他应该被埋葬在海滨。中国人认为他是在 5 日被杀的，在向北京政府的报告中说，因攻击定海，一个"夷目"已经死在了中国人的雷霆之怒下，并且他们已经在夷人船只底部打出了很大的一个洞。尽管葬礼是表达对其指挥官尊重与敬意的最后纪念仪式，似乎在这种性质的远征中，出于政治原因也只好取消了。

懿律司令的第一个行动是对宁波港实施严密的封锁，宁波是有着很多财富和贸易的大城市，位于面对着舟山岛的大陆上。在抵达之前，他就派遣载炮 46 门的布郎底号的鲍彻尔舰长去厦门——一个更南方的在福建海岸的繁荣城市，如果可能的话，尝试向地方当局投递一封给北京朝廷的信。

到了那个港口，他发现中国在一座山丘有很强的防御工事，部队被部署在不同地点。当天晚上，派了一艘船到海滨，挂着休战的旗帜，由 4 个小伙儿划船，还有一位军官和翻译。一靠近岸边，海滨的驻军就靠近放火烧船。船员只好把船撑开，试图在远处抗议，但没有效果。作为最后的办法，他们张开了盖章的公文。这是提前准备好以防遇到困难，说明他们到来的原因，告知人们，他们的官员在误导他们，英国人友好地向他们的君主递交一封信；但是，接着又说，由于他们现在烧毁了带有神圣意义的旗帜，破坏了所有文明的规则，他们必须要承担后果；然而船长不愿意伤害与清朝官员无关的本地人，警告此地的驻军，在舰队对要塞舰炮齐发前逃走。与此同时，中国人从要塞向布郎底号开火。鲍彻尔舰长试图给他们点教训，做出激烈的回应。海滩很快就空了，在射击了两个半小时后，夜晚已经很黑了，布郎底号只好驶离，尽管已经给了他们严厉的惩罚，由于砖石建筑的坚固，无法完全摧毁要塞。

那些守舟山的中国人，被那些研究者描绘得不缺乏个人勇气；似乎不能把罪名归咎于舟山的他们，我们的军力无疑更强，而他们的防御极其愚蠢。

在宁波进行了提交同种信件的尝试，也得到了更文明的接待，然而同样不成功。贝休恩船长乘坐小艇去海滨，一些官员接见了他，邀请他登陆，并表现出了十足的礼貌。船长解释说，白旗标志着和平，在其悬挂期间，暂时停止敌对行动；烧毁那种类型的旗帜，破坏了规则，所有的文明国家都认为这是可耻的、懦弱的行为。从那天开始，双方一直在进行这种方式的交流。

他们最初在海岸接受了信件，但第二天早晨又还了回来，因为他们说不敢向朝廷呈交这种性质的公文；但是他们的行为仍然没有表示出任何像福建海岸那样的敌意，"夷"字被删去，在这里改用"贵国"。

几天后，陪着司令官到了宁波港入口，我们被其固有的强大震惊到了。入口在两座三四百英尺高的山之间；左侧的顶部是一座小炮塔，另一边的坡上是军队的营帐。镇海城被坚固的城墙包围着，但他们没有利用这一地势。一列帆船被沉在河口处，另一行抛锚横在入口。

到了7月15日，定海城似乎热闹起来；一些商店开始开业。如果那时能对居民做出我们永久占据该岛的承诺，没什么疑问，结果可能会更有利。但是那些从我军获利的人说，他们将成为恢复权力后第一批被攻击的人，除非我们能确保不让清朝官员回来。因此，在25日之前，该地比以前更加荒凉，成为了恶棍和强盗的港口。

房子实际上是被当地人毁坏的，家具甚至是门柱都被拆走了。因为严格的命令是，不能在门口拦截中国人，即便携带各种类型的物品。这种恶作剧和财产损失因此在光天化日之下、在士兵眼皮底下进行。这是种错误的仁慈，只能使窃贼和强盗致富，因为合法拥有者和令人尊敬的居民已经随着官员逃走了。

远征最大的不幸是翻译的缺乏。马礼逊先生只有两名助手，即托马斯先生和郭士立博士，前者一直在作公共文书和其他翻译事务。只有两名可供岸上的部队使用的翻译，而这一职责远不是两个人能够完成的。不得不公正地评价他们的工作，尽管他们被苛刻的差遣，然而他们注意很好地协调这些频繁的需求时间，从而得到了所有合作者的赞赏。

一天晚上，我与将军副官从执勤的庙里走出，见到路边有一个水池，旁边有一个哨兵，负责保卫行政官办公室。他负责看管一位因轻微罪行而被抓的中国犯人。我前往办公室，并留意到在我回来的一个小时内，那一位哨兵在水中看起来很着急，他的嫌疑犯消失了。我眼睛投向同一个方向，看到一个人的头和长辫子漂浮在勉强到膝盖深的水池里。犯人一定是因为害怕要经受酷刑，以至于他按哨兵的指示跳入水中；他不信自己会淹死在水坑里，哨兵只是让他在那里冷静一下。然而，这位新的夷人"立法者"要这个可怜的人必须将头浸在水里，直到生命完全消失。当弄出来时，尽管立刻得到了医疗救援，但显然没有一点生还的迹象了。

第四章

营救买办

中国人掳去的买办—找回他的
远征—岛屿内部—中国人的坟墓—
中国乡下的房子—抓住向导—土匪
的房子和老婆—土匪的逃跑—苦恼
的行军——座桥上的冲突—士兵们
的苦难—海岸的夜景——座中国
庙宇

一个从广东来的、为兵站部门工作的中国买办①，本月 17 日在内地征发粮秣时，被乡下人带走。之前一周，他一直对部队发挥了重要作用，带来了补给品——牛，作为一个中国人，他还熟悉人们的习惯，缺乏更好的翻译时，他也经常因为会广州英语②而被充当翻译。一个早晨随他下乡的屠夫，回来时带来消息，他已经被政府士兵捉住，被像猪一样绑在杆子上抬走了。我们当中的一批人立刻听命武装起来，准备前往营救。之后一段时间，我努力去营救服务于我们这群人的翻译。我们找到了一位广州小伙子，他是银号的一位账房伙计。尽管他担惊害怕，不断抱怨"蛮子抓了我"，但他是这种紧急情况下能找到的唯一的人，所以他还是被我们给带走了。然而，我回来

----

① 一位承办商。
② 一种混合了葡萄牙语、英语与汉语的语言。

时，负责这事的一位官员已经允许定海屠夫离开，因此我们失去了那位不幸仆人的所有线索。如果给他以足够的保护，后来的很多不幸很可能会避免。如果中国人在这类行动中第一次就失败了，毋庸置疑，他们或将中止类似的行动。我们剩下能做的就只能是搜查该岛，为此向不同地点派出了两批人。

第二天早晨，我收到了总司令的命令，陪同第三批人横穿该岛，来到了一个海港小镇。根据中国地图上显示，该镇应该是在西北海岸。我受命传达命令给前一天派出的人，在小镇那里会合。万一没有得到买办的消息，可以抓居民中最受尊敬的人和当地的首脑作为人质，以求得买办的安全。

在 18 日早上 4 点钟，我们一行人出发了，整个团队由一名官员和 40 个人组成，翻译托马斯随同我们一起上路。他是一位绅士，同样在宁波经历了战斗的考验。

道路，准确地说是小路，是用大的方形石块铺成的，宽度足够 3 人并排而行。该镇的道路，实际上全岛的道路，都是同样的，跟我们在这个大陆曾经看到的，也都是同样的样式和宽度。虽然，马嘎尔尼勋爵描述过，北京皇帝的宫殿所在地，热河的道路，宽敞得令人惊叹，但是我们有机会看到的当然不是皇家大道。

穿过了数英里繁密的稻田后，路绕着山的一侧，经过偏僻的小路。这里的道路修有舒服的台阶，数量众多的贯穿全岛的道路都是同样的形式。

周围的山上长着茶树、棉花、矮栎和一种红色果子很多的杨梅树；而山很巍峨，山顶直上云霄，覆盖着亮绿色的牧草。从坡上看，长长的峡谷从不同的溪谷口处伸展开来，一些溪谷消失在蜿蜒的群山中，而另一些再次延伸到海岸，满谷的繁茂的庄稼在晨风中弯曲摇摆。远方，定海奇特的建筑之外，英国舰队抛锚在平静的水中。到处都是茂密的树丛，就像是随意落在山边的；隐约透过稠密的枝叶，屋顶和寺庙使景色多样化。置身于众多美丽的树丛中，漫游者在这里平静下来，选择此地作为安息之所。凝视着这些宁静的景色，甜美的铁线莲和芬芳的花朵装饰人们最后的家园，最马虎的眼睛也不会注意不到这些漂亮的坟墓。

中国人对死者的尊崇是否到了膜拜的程度还不得而知；几个世纪前，最早在该国传教的耶稣会士发现，不可能阻止人们在这个事情上的狂热与执着，转而以他们的方法，反复为新入教者的死亡祈祷。然而，因为这是允许传教士超出教义的规定帮助信徒，所以，那时的罗马教会不赞成。后来，这导致中国天主教传教士在教义上的诸多分歧。

该岛的人们不像南方省份那样埋葬他们的死者，而是将尸体装在盖着盖子、容易移动、十分光滑的棺木里，放在地上，周围是野花和攀缘植物的花。我们在该岛进入的大多数房子里，这个大箱子是我们在门厅遇到的第一件东西。好奇心使我们打开了居民的坟墓，里面的身体穿着像是还活着，胸部放着烟管和烟叶，头部放着食物和大米。

当我们前进行军时，旁边的山上挤满了人，他们在我们接近时从村子里逃走；早晨的时候，遇到了前一晚的一队人，他们昨晚在庙里宿营。我们决定暂停几小时，让这些疲倦的人休息，其中一些人，由于严重的发烧和疾病被迫返回。很快捉到了两打飞禽并脱毛，一会儿就在火上烹煮成为了人们的肉汤。

指挥这批人的军官没有获得关于失踪买办的消息。在这些人早餐的时候，我们走到了附近的房子里。所有的都废弃了，除了一座似乎属于该地头人的房子，隐藏在棕榈树和枸橼及其他我们不认识的灌木树丛里，周围是花园，栀子花和其他漂亮的花朵使周围芳香四溢。

这座建筑是当地乡下房子的很好范本：进入一个很大的木门，我们发现了院子，周围两边是不同的外房，用来做粮仓和放干果，另外两边是家人的房间和祖先的祠堂（一间被家庭所有人共同使用的房间）。这些农家房屋规模这么大的原因是显而易见的，因为通常需要考虑容纳父亲、母亲、儿子及其妻儿。祖先祠堂的前面是漂亮的由格子组成的架子，以及油漆过和雕刻的柱子。这间大房间的里面围着编织的沙发；小桌子坐落在中间，放着茶杯和烟管。凸出的屋顶下坐着一位老者，长长的白胡须表明他是位祖父，到这个年纪胡须才能生长成这样。其他人似乎逃走了，他看起来如此的孤独而凄凉，眼泪从他憔悴的脸上流下来。尽管根据翻译提供的情况，我们相信买办是在该村附近被带走的，我们内心却不愿意抓住这位长者。虽然结果表明，他是该地的族长，并且承认听说了前一天早晨人们带走了这个人。然而，他没有进一步的消息，我们返回了庙里给军官留下了追寻路线的指示后，我跟着我们队的人继续上路了。天气还是很热，由于人们不断因此而掉队，我们决定包围一座村庄，找一些苦力来背行李。

稍微偏离我们走的路，穿过茂密的树林，我们隐藏起来，避开了那些在高处观察我们前进的中国探子。一半人跟着军官前进，而剩下的人原路返回，考虑到后面我们已经经过的村子里，可能会有人回去，以为目前到下一次巡视期间是安全的。然而，前面的人通过山上的信号快速传递给我们前进的消息，当我们到达的时候，该地已经空无一人了。

在茂密的竹林和低矮的丛林间布下封锁线，我们用商量好的信号引人进入，对着空中开火，以迷惑居民；否则，根据之前的经验，我们知道他们肯定会在堤坝或弯曲的小路上躲着我们。这个计划得到赞赏，我们为了自己的目的，抓了足够的人，一些人总是被发现躲在中国房屋后面用来存雨水的大砂锅里面。

一小批人已经驻扎在附近的庙里，只用农具武装着。通过翻译，我们与这些人进行了谈判，翻译告诉他们我们无意伤害，但是如果他们选择逃离我们，我们会被迫使用武力。向他们表明我们的目的是友善的，我们要求抓住的人为我们干活，但会支付他们劳动报酬。

会谈期间，两个小孩偷偷从其中一座房子里溜了出来，尽管他们最初被陌生人吓到了，我成功地诱使其中一个漂亮的小孩，玩起了我戴在头上的鲜艳的帽子。一些硬币很快使我们成为了好朋友。人们看到我们不是他们所想的残忍的蛮夷，然而因为好奇心和亲密，他们和之前害羞时一样烦人。他们抚摸了我们衣服的每个部分，检查了我们的手，似乎由此判断我们的生活状况。

最后，我们带着抓获的人离开了，他们不再排斥为我们工作。我们很快赶上了其他人，用竹子挂着行李，把中国人放在中间。这最初，看起来是为便于行动而采取的简单方法，实则为现实所迫。身处一群怀有敌意的人中间，我们不可能在后面丢下一个人，因其行李的重量而无法跟上队。分岔路更多了，除非我们找到岛上居民做向导，否则很难会不走错路。

我们休整的地方通常是在庙里，以及为我们提供食品的村里。就这些庙宇而言，中国人很少表现出对他们宗教的尊敬。就像我们部队的行为一样，他们自己出于同样目的使用庙宇，各种官吏和游人在旅途中把它们用作住宅；实际上，如果官员的级别高于庙里供奉的神，会在逗留期间把后者放在建筑外面。

第三天晚上，我们到了一座隐藏在树林中的小镇，入口处横跨着一座奇怪的桥，像定海的很多桥一样，是由三大块石头，准确地说是石板组成的，中间的一块与水面平行铺设着，而每侧的一块从河岸上上斜，一头靠着地面，另一头与中间的石头榫接在一起。这些通常长 14 英尺，宽四五英尺；不知道他们是如何成功地把它们放好的，因为没有发现用于此目的的机械，他们说仅仅是由人工完成的。

桥上有五位身着白衣、令人尊敬的老绅士迎接我们。他们走上前，尊敬地鞠躬，请求知道我们的目的是什么，以及我们在农村漫游的原因。他们告诉我们，他们是该地的族长，邀请我们到庙宇，将在那里为我们提供饮食，然后我们可以"认真地调查"。把士兵留在该地的入口处后，托马斯先生、翻译和我自己前往寺庙，很快告诉了他们我们的任务。他们在经过漫长的协商之后，其中一人上前主动提出带我们去那伙绑架了我们的人的头目家里；但条件是士兵留在村子里，而我们应该陪同一些村民包围那座房子。我们同意了这点，给军官留下指示，万一他听到开火的声音，用他的方法尽全力来帮助我们。

为防紧急情况或他们欺诈，我们给火器装填弹药，陪着新建立的盟友，前往他们所称的匪穴。似乎房屋主人是个著名的土匪，在我们攻占定海时因其恶行而入狱，官员逃跑的那晚被放出。他目前的冒险计划是拍宁波政府的马屁。

我们包围并进入了房子，但"鸟儿"已经飞走了，尽管搜查时，盘盘罐罐都没有放过，却没有头目的踪迹。然而，在一张床上发现了一位发高烧的妇女，这时深受其害的当地人与她保持一定距离。这位女士是土匪的老婆，然而她不愿讲她丈夫的事，声称他已经外出两天了。当地人劝我们将她作为人质，但伤害女性不符合我们英国人的观念。清朝官员通常采取的做法是，如果罪犯逃走，整个家族将为他的罪行承担责任。这是他们强力控制人民的办法，他们经常非常不公与残忍地施行这一政策。

当我通过手势与女士谈判时，我听到了上房里激烈扭打的声音，这是由翻译引起的。翻译在忙于搜查阁楼时，被一堆稻草绊倒了，发现一个人从下面跳起来，激烈的搏斗后，让他从窗口逃跑了。屋外这位绅士正焦急地寻找他，发现即向这位逃跑者开枪。我们马上追踪他，但是他避开了，我们失去了目标。

　　没能达成目标，唯一可以做的事就是带走该村的头人，并烧了这房子。前者照着完成了，但考虑到移动这位女士将很危险，我们让房子继续耸立着。第二天，我们到了海边的海港；但是几乎所有人都患上了严重的疟疾和痢疾，是在稻田感染上瘴气所致，怎么弄回他们成了需要考虑的问题。幸运的是，第二天早晨，来了艘汽船，船上有位全权代表。派出这艘船的目的是阻止岛屿与大陆之间的帆船来往。

　　然而，我们还有一天的行程要走，到离海岸约九英里远的可疑地区抓土匪头子。

　　可怕的高温使这次行军十分折磨人：我们队伍现在减员了，加上那队与我们在海港会合的人，总共有 50 人，但几个小时内，一大半因虚弱和疾病而掉队，被迫返回。我们被命令去的地方据说有些清朝官兵，因此如果遇到抵抗的话，我们现在的力量很小。当我们前进时，可以看到巡逻的人在来回搜寻，他们见到了疾病给这小群人造成的灾难。城镇已然可见，那里似乎挤满了人，人们站在低矮的城墙上。我们向他们打手势，表明我们没有敌意，但当我们进去时，小心地留了一小队人在灌木丛中。我们知道控制头人的唯一办法，是让他们来协商。因此，请一些乌合之众去通知族长我们在等待会谈后，我们进了一位药房老板的店，里面出售各种膏药。通常住在里面的医生是本地人的上层阶级，这里成为受懒汉喜爱的地方。我们在药房坐下，不久两位头人来了。交谈之后，我们示意士兵围住门，翻译抓着其中的一个人，我自己抓着另一个人，告诉他们定海的大人要求见他们。他们最初抵制我们的温和劝说，但听到士兵们固定刺刀的噪声后，他们认为最好是顺从。由于我们的人很虚弱，而聚集到街上的人有好几百，这一刻很令人焦急。乌合之众经常想挤进来，尽管士兵的刺刀还保持了一段距离。镇子的一端是一座狭窄的桥，需要单独一列通过。现在这里最大的麻烦是对面有一群示威的人，他们站了一排。只要在他们的对面没有与之对抗的人，过桥就是愚蠢的行为，唯一可行的计划是清除前面的人。我们用手绢把犯人与我们的手腕连起来，以防他们在冲突中逃跑。翻译对人们喊话，告诉他们我们无意伤害我们控制的人，但是我们的一个人被该地的一些居民绑架了，我们为了他的安全不得不如此。他们救下活着的人是不可能的，建议他们让出一条路，否则后果会落到他们自己身上。

留了一些士兵在岸上充当保护小队，剩下的人单列前进。但在队列领头的人脚步踏上第二块石板前，中国人冲向了桥的入口，保护小队开枪扫射，一大群人立刻跑到山上。这糟糕地表明了中国人的勇气，但是要记着，他们从未见过火器，只听过极糟糕的描述，也不知道怎么对抗常规军。对他们来说，最糟糕的武器是官方巡捕的长鞭；人群中的少数士兵即便可能见过火器，也没有领导来指挥他们。

晚上我们再次到了海边，发现汽船在等着装载我们离开。一位受伤的中国人是试图逃走的犯人，两条腿都被火枪子弹打穿了；疲倦的士兵动了恻隐之心扛着他，这应该得到最高的赞扬。

从那天早上五点开始，这些勇敢的人们，因遭受了人类所能承受的最痛苦的疾病的折磨而陷入困境，但却表现出了他们的勇气。尽管没有展现像他们祖先一样的积极进取，其坚持不懈与顽无畏的勇气却与其先辈相同。度过那个漫长的夜晚后（黑暗中弄错了路），仍然遭受白天高温的折磨，印度没有地方比这里更可怕，没有一口吃的，他们背着伤者攀上高而陡峭的岩石，从险峻的山坡下来，跋涉很多英里，没有一点埋怨，直到过了午夜。正是这种吃苦耐劳的品质使不列颠士兵成为了欧洲军队中引以为豪的出类拔萃者。

整个海湾布满凸出的岩石，全部的海岸线切割成深深的锯齿形，由于其突然而陡峭的构造，隔断了通往大海的近路。沿着峭壁，人群爬上来。分成三四个人一队，他们按不同的路线分头去寻找船可能会停靠的地方。几个小时内每个小海湾里都有了人，有的人在海滨迷路掉队，精疲力竭，无法继续前进。然后他们开始呼喊；海岸沿线的火把亮起来，因为每队人试图将船引向自己的位置。这更像是搭载溃败的军队，而不是该国的"征服者"。当我们在海岸乘坐俘获的船只划桨离开时，每个小海湾都有毛瑟枪的亮光，悬崖顶部到处响起单发的射击声，崎岖的景色中到处闪烁着短暂的亮光，这使得可以看见快速下来的士兵，而他们的海军战友像疲倦的海鸟栖息在岩石边。船长和军官的声音落响起，比狂野海浪拍打的声音更大，回响起海员和士兵们的回应声。假如中国人在半夜登船时对我们发动报复，因为他们知道不同的路，可能有很好的机会把我们完全分割成若干小的部分，但这时，他们似乎完全被刚才打击的力量吓呆了，所以根本没有这种想法。

最后，我们安全地踏上了汽船，我们的中国犯人已经安全了，我们一到海岸就给他们派遣了新的护卫。伤者得到了军医的照料，一个月内他很难康复回到朋友身边。从这些人那里没得到什么关于那些涉及绑架买办人信息，但他们都同意控告抢劫者为主犯。

在去定海的航程中，我们经过了普陀岛，一个在舟山的步枪射程内的小岛。这是个奇特的地方，因其不仅自然景色美丽，而且建筑物非常壮观，就像曾在广州听到人们对它的描述。它有很多的石阶缠绕着山坡，覆盖着枸橼和其他树。除此之外，它还是中国人的宗教圣地，信仰佛教者经常来此朝圣，在一定程度上有点像穆斯林麦加朝圣。这里有座很大的庙，准确地说是很多庙，隐藏在岩石和丛林之间，庙宇宏伟耸立，奇特而又优美。岛上的这座庙宇内，有 50 位僧侣，他们似乎对其庙宇很自豪，渴望拜访者能赞美它。庙宇的方丈年纪超过80

岁。他们都抱怨食物的缺乏，因为他们的生计依赖寺庙信众向神们提供的供养，这些在最近的动乱中，受到了不同的影响。人们同意这时应该努力做些事情，缓解他们的困顿。但是几周后，其他军队造访了同一地方，发现饥饿已经夺走了很多人的生命，老方丈很快由于生活必需品的短缺而魂归西天。

第五章

北直隶海湾

7月28日，威厘士厘号、卑拉底斯号、布郎底号、窝拉疑号、摩底士底号及一艘汽船马达加斯加号与10艘运输船带着三角旗，从舟山起航，前往白河口。然而，远征可预期的收获如此少，以至于向北行军的政策受到很多人的质疑。有人建议为了救回买办，应立即在其足迹所到之处的宁波地区采取行动。

　　戈登·伯麦爵士留在舟山，指挥剩余的舰队，其中包括准备侧倾进行整修的麦尔威厘号。

　　在我们的航程中，卑拉底斯号护卫舰遭遇了3艘"海盗船"，安森舰长因不清楚他们的情况，派2艘船靠拢了其中的一艘。当他们在两边排好的时候，"海盗船"就出现了100多个之前一直藏着的人，并开始向船员们开火，投掷长矛和臭弹。我们的人立刻把船撑开了一小段距离，在精确瞄准后，开始向对方倾泻弹药，杀死了一半以上的人，剩下的人从船上跳下来，游向岸边，其中很多人因伤永远没能抵达目的地。之后帆船被烧毁，漂浮在海面，但是卑拉底斯号没能追上剩下的两艘船，因为它们顺风逃跑，不可能赶得上。然而，在这次事件中，卑拉士底号有 2 人死亡，另外 5 人负伤。这些在该区域游荡的"海盗"帆船及军舰，都携带着渔网，派出一些小船就可能引起对方混乱，如果操作得当的话，就能为他们轻松地提供战利品。8 月 8 日，我们通过了昆山群，那里似乎不缺乏新鲜的供给，其中一些岛屿是黑色的，可以看到牛在山顶吃草。

大陆的特征在这里有着巨大的变化：山脉仍然很高，山上不再树木繁茂。然而，山坡似乎是丰茂的牧场，上面密密麻麻地散布着大群绵羊和山羊。通过望远镜，我们能清楚地看到山顶有人凝视着夷人的大船，火船（他们给汽船起的名字）一定令他们非常吃惊。10 日，我们在距离白河口 11 英里处抛锚。第二天，一位军官在四艘船的陪同下进入白河，向他遇到的地方当局第一位官员呈递公文。

这里的海岸又低又平，看起来很糟糕，从海滨 5 英里外就看不到了。河流的入口有两座小堡垒，我们第一次来的时候，左岸的一座堡垒已经被毁了，但在我们离开后，他们就重组了整个的防御工事。这一次甚至能从船上感受到他们在河口的工事非常坚固。

船只一抵达海滨，地方官就匆匆赶来，蹚过水，泥浆溅到他们丝绸靴子的膝盖处。他们迫不及待的目的是请求我方不要再靠近海滨，同时告诉我们，清政府高官琦善——北直隶总督、北京内阁的三号人物，正在离河口4英里的城镇——大沽口。他似乎在那里等候远征军的到来有些时日了，受皇帝派遣来与英国代表团在此地会面。这清楚地表明，尽管宁波的清政府官吏那时拒绝呈递贝休恩舰长提交的公文（他们第二天才退回公文），但肯定拿到了复制的内容，并呈递给了北京，否则，他们不会准备迎接我们。他们拒绝呈递的一个理由是，公文表述不合理，与朝廷进行交流的方式应是谦卑的请求。

琦善尽管是内阁的三号人物，一般认为是居于主导地位，据说因为前面的两位高官年老体弱，以至于不能参加公共事务。

收到军官的信件后，一位清政府官吏骑上马，奔向大沽口，几个小时后从大城带着给全权代表的公文回来了。

从答复来看，琦善无权进行谈判，仅仅是代皇帝接受信件。在开始任何讨论之前，他首先要向北京通报舰队到来的消息，并等候指示。收到朝廷给我们的答复需要十天，我们同意了回复的时间。漏掉记录我们在此地期间的一位绅士的名字是极不公正的——白，在舰队的朋友们亲密地称他怀特舰长。他是交流的中介，是很重要的人物。毫无疑问，舰队长期以来从他那里获得的消息，是相当准确的。他的作用是帮助长官们安排营地或准备快轮之类的，白色的徽章表明他的级别是护卫舰舰长，他流利的语言和对琦善才能的称赞，表明他非常适应所处的形势。实际上，他是位十分受欢迎的、有趣的同伴。他的

"勇敢事迹"是，皇帝计划令 3 万名清兵夺回舟山岛，但由于他的和平建议而没有实施。这令听到的外国人十分震惊。

舰队现在分开，在东北亚及北直隶沿海不同方向航行，而我们乘窝拉疑号到了朝鲜。该国是中国和日本的朝贡国，但似乎更依赖后者。这里的男人们身体非常好，很高大，把他们的女人看得很紧。该国与苏格兰西海岸的部分地区很像。他们好像主要以素食为生，有时也吃狗肉。在很多房子里，我们发现这些小动物因其命运而被养的很肥胖。尽管他们有很多绝育的公牛，但是只将其用于农业目的。欧洲农夫们食谱上主要的物品——牛奶，在中国全境及此海岸，没有得到利用。我们注意到，舟山的中国人放肆地嘲笑我们士兵给羊挤奶，因为他们认为人竟然喝动物的奶是很奇怪的。然而，据旅行者说，西边的一些民族完全以从骆驼那里获得的奶为生；因此这一朝鲜人的生活习惯一定是从中国人来的。

我们发现此地实物交易最有用的物品是海军外套上的黄铜纽扣。据估算，一个的价值远比西班牙银圆高，他们最初似乎还不了解西班牙银元的价值。因一位友人友善地提供了外套上的一颗纽扣，我成为了一只绵羊和一些禽类的主人。我猜购买者和出售者都一样，为他们在实物交易中的能力感到骄傲。

他们的房子与中国的一样，但是这里耕作土地的方式更辛苦。所有的山，直到山顶，都做成梯田，这是因为他们遭受大雨之苦，大雨常常将整个山坡冲到下面的山谷。这些巨大破坏的痕迹在每个山坡都可以见到，表明了预防措施的必要性。

由于严重疾病的疼痛，我不能参加冒险的人群，随勇敢的舰长及其军官，进行深入内地的探险。但是根据他们的描述，这次冒险非常好，他们曾在沼泽中看到飞起成千上万只沙锥鸟和野生禽类。无论如何，参与这次探险的人有不同的感受；但是普遍认为枪不好使，并且认为，对于爱好冒险的人来说，这里印度式的气候是适宜放松的。

24日晨，我们再次在白河口抛锚，过了几天，舰队的其他船只也抵达了。

几天后，舰队司令及其随从登上了汽船，试图进入河道，一位海军军官受命标记穿过沙洲的航道。但是，尽管戴斯舰长、这位能手之前大潮的时候曾将船驶进去，现在却发现船只无法前行。

第二天潮水达到最高峰的时候，再次尝试驶入。摩底士底号护卫舰只有12英尺，受命驶向下风，进入河口，而13英尺几乎是上一次大潮最高时沙洲的深度，但这次因为水浅而再次失败。无疑，如果这次成功的话，这两艘船在堡垒下抛锚，将对加速谈判有重大意义。一旦进入，他们两周内不会出来，因为直到那时河水才能达到他们的船只的行驶条件；所以，为我们对中国人的立场提供了很好的借口：初步的协定将因此建立在最有利的基础上。①

如果中国人有其他想法，8个小时满载着海员、海军陆战

---

① 至少我们不知道相反的答案，从之前的旅行者的描述来看，很多人认为此举可行。

队和野战炮的汽船和护卫舰，就可以到达大运河顶端的天津城——他们北部所有贸易和补给的供应站。他们那里的帆船舰队被烧毁的话，将使他们失去派遣增援部队到河口的能力。而这座几乎在京城视野内的城镇一旦被放火，一定会引起恐慌与忧虑，将动摇帝国的根基。他们似乎意识到这是可能的，自己很害怕发生这种事。

此刻，他们的目标是和解，因为其政府已经变得十分脆弱。这里的打击将会动摇威胁到帝国宝座的根基。通常认为，这次失败令远征军的首领们很烦恼，因为他们完全理解如果这次行动顺利将给他们带来的优势；但是从日后的发展来看，烦恼可能只是一瞬间的。

28日下午，我们注意到3艘官船离开了海滨。很快，我们的朋友怀特舰长及另一位清政府官吏一起过来，带来了琦善的信及一船绝育公牛和水果。公文要求与第二全权代表义律上校会面。可能是因为地位显赫的钦差，觉得在风高浪急的海上谈判不安全，最后确定8月30日星期天为会面的日期，为接待代表团，相应做了安排。

那天早晨，义律上校在代表团的一位绅士及三四位海军军官的陪同下，前往河口。六艘船人员部署就绪，秘密武装好，陪着我们以防意外。天亮前我们离开汽船。但是在入河前潮汐变了，人们划船划得很辛苦。

离城镇两英里，一艘官船在迎接我们，船上有两位高官，一位帽子上有红色顶戴花翎的，是皇帝御林军的将军，另一位有蓝色顶戴花翎的官员，在琦善的幕府里地位崇高。

钦差派出这些人，是他们通常对地位显赫的客人的礼仪，就像对马嘎尔尼勋爵代表团及阿美士德代表团一样。他们为要塞没有鸣放礼炮找借口，借口担心外面的船只可能被惊动并误解。然而，毋庸置疑，这种对礼节的忽略是因为不愿意他们的人看到或听到对来访的夷人的任何礼遇。他们进入我们的船，手上转动着他们的玛瑙鼻烟壶，很快就熟悉起来。蓝色顶戴花翎的特别乐于沟通，询问我们的名字和不同的职业，告诉我们他自己的军功；在私下的交流中，他承认在密室中，他有时候会沉迷于烟枪。然而，红色顶戴花翎的似乎性格更加乖戾，经常叫他服从命令，担心他因健谈的脾气而泄露秘密。

一个小时后，我们抵达了登陆的地方，一座由船构成的桥已经造好，以供我们通过泥地；一条从海滨起的几百码的狭窄道路，引领着我们到了为接待代表团而匆忙建造的营地。

入口处放有蓝色的屏风，以遮挡外人看到里面。在这里，有更多的官员在琦善前排成两排，迎接我们；我们进入的时候，他站起来了，十分礼貌、恭敬地欢迎代表团。事实上，这些高官的礼貌对欧洲大多数优雅宫廷的朝臣都是巨大的荣誉。他请我们戴上帽子，分别接见了每个人，表示希望舰队已经收到了补给。他为在帐篷迎接我们找了些借口，暗示大沽口与登陆地有些距离。

从外表来判断，他可能是个 40 来岁的男人，看起来很有能力。他的国人这么说他。他的辫子——除僧侣外，中国各阶层的男人的附属物，长度与众不同，明显得到了很好的保养。他穿着蓝色丝绸长袍并配有雕饰精美的腰带；腿上是与其他高层人士一样的白色绸缎靴子；头上是官员的夏帽，由优质的稻草制成，里面放有深红色的珊瑚顶戴花翎，表明了穿戴者的级别，孔雀羽饰垂在两肩之间。总体而言，他的穿着朴素；但是从在舟山获取的样本来判断，官员穿着全套服装的话，看起来会很华丽。

营地周围是高高的帆布墙，像大人物及土著王公在印度旅行时围着私人公寓一样。屏风里面是八个小帐篷，每个里面都放好了桌椅。这些构成一个椭圆形，中间立着帆布房子，样式十分精巧；而在上端，隐藏着另一个屏风，竖立在会议的帐篷前。内衬是黄色丝绸（皇家颜色），由后方的帝国军队搭建完成。

翻译及义律上校留下来进行商谈，而其他军官和绅士们则找到周围不同的帐篷，那里有级别低一些的清政府官吏们，忙着为宴会准备早餐；因其是此次访问中很重要的事情，所以明显每件事都是清政府官吏在做，没有让他们的仆人来完成。

由很多小碟子装着食物，一个碟子的上面擦着另一个，有燕窝汤、海参、鱼翅、煮蛋，里面是老母鸡和处理过的鱼。这些全是最好的美味佳肴。这只是提供的菜品的一小部分。在我有幸吃喝的那一桌，就有不少于30种这些小碟子。这些早餐分散在不同的帐篷里，每一个帐篷里都有足五位饿坏了的夷人。官员们如此担心我们看到他们的弱点，以至于他们不仅在营地周围放上了前述的屏风，还匆忙造起了泥堤，但没能达到目的。我们虽然很快就被警惕的卫兵带回来了，但是我们还是观察到了这片禁地。

自从我们上次到访后，要塞就加以维修了，现在挤满了士兵。一些简易的外围工事已经匆匆建起，但一点用也没有，事实上从军事观点来看，整个东西十分可笑。两门六磅弹炮和一队百人的海军陆战队，就可以随时让他们落入我们之手。尽管如此，我们却对这些华北人身体的强壮和力量感到震惊，特别是那些受雇在河边拉船的。尽管这些人似乎是下层民众，却拥有如此的体力，他们六个人或八个人就能明显轻松地在河水中拉动一艘几吨重的船。

会谈的这天，一些御林军为了供我们消遣，进行了舞剑和其他军事表演。他们认为，这些看起来非常滑稽可笑的古怪动作，而不是使用武器本身，更能有效地震慑敌人。而因为同样的原因，我们在更远的南方的舟山和宁波，看到部队穿着老虎制服——一件剪裁和装饰成类似动物的衣服。

这些人穿着白色棉布制服和黑色帽子，他们的武器是剑和火绳枪，或是弓和箭。他们属于皇帝的御林军，被认为是中国军队的精英，被认为是与君主本人同一部落的后代。郭士立先生在他的《开放的中国》一书第二卷第313页，说他们的总数有26000人。

会议进行了六个小时。在此期间，我们常常能听到全权代表的激烈争论声。英国全权代表出来了，我方其他人向中国总督行礼，我们动身前往威厘士厘号。我相信这令地方官感到安慰和满足。

在我们访问期间，这些政府人员的措辞是，代表团成员是皇帝的客人，以此为理由，他们拒绝了所有送往舰队的补给的报酬。

当英国代表打开大印的时候，琦善最初表现出了一些好奇心，但马上就恢复到冷漠的态度。高官们认为那样做能增加威严。

会议并未局限于这份快速产生的协定的范围内，读者们要原谅我对此主题的详细叙述。然而，在最终决定前，似乎有必要与朝廷进行另一次交流。

此外，琦善提到，将任命钦差即刻前往广州，调查林则徐的言行，他们都责备他是目前麻烦的原因。

我们经常、特别这一次注意到，不同省份之间很少有政治联系。一些清政府官吏告诉我们：这些麻烦不是皇帝的过错，事实上，甚至竟然有人说我们严惩林则徐和他在广州的同事很对；但是我们威胁皇帝个人就是犯了大错，他在整个事情中都是无辜的，相反他对英国人很仁慈；那些没有参与此贸易的省份也不应该为此负责。

他们厌恶说到舟山，总是不谈它的名字，而间接提到，如"那件坏事""当归还它的时候，一切都将很快解决"。

必须想到，因其位置，占据该岛使我们能控制帝国的主要干道扬子江，从而控制帝国运河的河口。北京城，实际上是所有的北方省份，人们都靠其维持生存。

正如刚刚说到的，会议的结果，等待来自朝廷的新的答复。舰队再次开始航行，探索这片迄今英国船员还所知甚少的海域。我们沿着东北亚的海滨航行，到达海边的长城，这可不是通常认为的一个点，而是一个大城镇，明显是贸易繁盛的地方。可以看到这一杰作坐落在峭壁上，矗立在该国崎岖山区的顶部，而它附近的海岸则呈现出一片荒凉。人们乘船距海岸不到两英里就能发现，迄今人们从马嘎尔尼勋爵的作品中看到的"长城突然入海"的表达，是错误的。因其从山脚下，穿过了数英里的低地，进入位于海边的城镇，最后屹立于海边。尽管只是9月，这里的空气已经变得寒冷，那些过去四年一直生活在印度洋的军官和士兵强烈感受到了温度的变化。这一广阔帝国各地的气候不同，就像各省利益、语言和服装的变化那么大；尽管众议院一位令人尊敬的议员主张中国各省是联合在一起的统一体，事实上，中国各省之间不仅联系脆弱而且极不相同。

9月12日，舰队再次返回白河口，在那里和我们的老朋友怀特舰长进行了联系，通过他知道，琦善似乎最终被任命为广州的钦差大臣，将立刻启程调查林则徐的行为，查明英国全权代表的抗议是否属实，此后将给予合适的补偿。

琦善的所有政策都是和平的。他太过聪明，所以不能相信他所说的，因为他的目的是为了保证皇帝颜面清白。他清楚进入战争的话，中华帝国易于受到攻击；即便经过努力，中国取胜了，也会给该国带来巨大损失。

一封琦善给皇帝的与鸦片贸易相关的信（可以在给众议院的报告中看到），清楚表明他的观点和政策是，如果允许按照他自己认为的什么对中国的利益最有利的想法行动，似乎没什么疑问，他将达成最终令人满意的安排。以我们在河外（这时候进不去）的情况来看，我们最明智的行为是同意在广州会谈，因为应该给予该政府时间，调查他们宣称迄今完全不知道的状况。在此期间同意停战是必需的。

我们返回南方，在壁虎岛抛锚，第二天移到同一群岛的另一座岛屿，是登州府城所在地；该群岛坐落于北直隶海湾的入口，后面的城镇看起来是很大且繁华的地方，环绕着高墙。西方是一座俯瞰着大海的小防御工事；这里有一大群集合的士兵，其中一些是骑兵。这是我们第一次在该国看到骑兵。

第二天，一些清廷官员来到船上，与司令官共进早餐。看到他们吞掉了如此大量的食物，很是出人意料。其中一个体型巨大的人，体重超过 30 英石。当被问到他的食量时，他得意扬扬地宣称，一只绵羊是他三天的普通定量。他似乎对早餐也不是完全满意。中国人就像印度土著，推崇肥胖的身躯；因为他们臆断这是财富和权力的外在标志，因此推崇它。

第六章

回到舟山

9 月 28 日，舰队再次返回舟山港。疾病在那些留驻在该岛边缘角落的部队中，造成了很大的混乱。

对方几次派出了一些人，但因缺乏翻译而无法沟通，对当地人来说，我们的身份似乎是盗贼，而非政府代表。

疾病使得部队 3/4 的人不能履行职责，新鲜食物也十分缺乏；他们欣然欢呼舰队的归来，尽管生病了，部队仍渴望积极活动；比起所有药物的作用，这对他们的恢复无疑会更有效。

士兵及其随从成功地通过城门进入大陆，但马德拉斯炮兵部队的军官安突德上校，在营地 1 英里范围内进行军事侦察时，被绑架了。

整个部队都很喜欢这位军官。当他执行军务时，经常步入乡村，与当地农人交朋友。为了逗他们开心，他常常进行素描，相似度很令他们吃惊。只是在他被抓的前一晚，炮兵军营

宁波景色

被他的帐篷传来的尖叫声吵醒了。当几位兄弟军官循着声音来到他的营房时，发现他睡着了。被叫醒后他说梦到中国人在能看到营地的地方扛着他，他手脚被绑在了杆子上，嘴被堵住了。这很奇怪，因为根据我们事后通过一位付费代理人的调查，这几乎就是真实的情况。他在距帐篷半英里处就是这么被带走的。

同样收到消息，一艘英国船只在临近的海岸被捕，据说船长和4位船员被杀，20名俘虏被带到了宁波，其中一位是女性。在舰队中，由于我们政府唯一一艘使用女性的船只是凯特号——此女是一名战士，因此得出结论，凯特号就是上述那艘船。

凯特号刚刚在皇家海军舰艇康威号舰长贝休恩的指挥下，完成对扬子江的探险。人们担心它一定是在匆忙赶回时搁浅了，因此落入中国人手中。

一小部分舰队立刻被派往宁波，谈判释放诺贝尔女士。但是，只要我们还占领着舟山，当局就拒绝释放。

第二天，义律上校下令与宁波当局会晤，并进入了港口；但他们再次逃避释放俘虏，因为已经向北京朝廷提交了情况报告。在此问题上，没有命令，他们什么也不能做。

但是，他们保证俘虏的人身安全，并答应为了俘虏方便送些衣服过去的请求。后来，中国人允许他们通信，但是信是由他们的仆人用中文写的。由此我们判断买办是安全的，我之前提到了他的命运，因为宁波不可能还有一位翻译。这些信签上了安突德上校、道格拉斯·R. N. 上尉及诺贝尔夫人的名字。

几天后，皇家海军舰艇康威号在港口附近发出信号，贝休恩舰长到了。正如猜测的，这表明三周前，他派凯特号给指挥官提供情报，一定是落入了中国人手中。船员或是让船在海岸搁浅了，显然，更合理的解释似乎是，船员们在临近的海滩登陆，试图获得他们非常紧缺的新鲜食物。

如果将来有必要在此地行动的话，这次探险中获得的信息很有价值。已经调查了60英里的扬子江航道，发现了一条能让一队列战舰进入的航道。根据贝休恩舰长测得的水深、乡村和河水的流向，似乎没有什么能阻止船只航行很多英里。即便没有必要进一步研究，因这位不懈的热心的军官的调查对科学也是很有趣的补充。一些中国要塞是在船只到来时匆忙建造起来的描述很可信，很多是由竹席构成的，只是用来吓唬夷人，因为使用枪炮就能打穿。他们很少能想到，通过船上的望远镜，这种幼稚的欺骗行为很容易发现。

然而，这次调查还是产生了一些损失。哈维先生一位有前途的、深受战友爱戴的年轻候补少尉，为获取牛和蔬菜，与一群人一起被派上岸，受到了很多当地土著的攻击，一位海员被杀，他受伤严重；到了舟山仅仅几天后，他就与很多英国士兵一起并排长眠于中华的草地下。

大约此时，阿尔及林号——一艘由梅森上尉指挥的十门炮双桅横帆船，进入港口。在通过了一座叫乍浦的城镇时——此地与日本贸易很多，遭到了强大要塞的炮击，要塞发射了很多炮弹。他立即在炮台下按次序排列好小船，但是由于中国军队持续平稳射击了三个小时，直到差不多只剩下最后一点弹药时，这艘双桅横帆船打哑了炮台；然后，靠近抛锚，梅森上尉等了一个小时，看他们是否还会继续炮击，然后离开，加入了舰队。

堡垒上一位清廷大人清晰可见，他夸张地指挥士兵列队前进，而阿尔及林号的炮弹落在他周围的各个方向。

指挥封锁广州的军官士密舰长送来急件，告知他与澳门的中国人发生冲突的消息。该地的一位绅士、英国臣民斯当东先生，在距这个葡萄牙领土的城镇不远处被抓走。他外出的目的似乎是游泳，与一些朋友在此前约定的地点会面。他们到的时候以为他已经回去了，就没有多想。直到第二天，他仍然不在，屋内的人们变得不安，开始调查这位臣民的下落。

最后一种说法流行起来，说他已经被清廷官吏抓走了，很快一位曾在广州见过他的人证实了此事。

士密舰长很明智地没有向中国当局要人，而是暗示澳门的葡萄牙总督，一位英国臣民在他们的领土（中立地）被抓，他是使俘虏获释的合适人选。总督立即与关口指挥军队的中国清廷大人会面。他同意前往广东，毫不怀疑能使斯当东先生获释；但是第二天，他回来时没有带回允诺的绅士，而是 800 名援军。这就明显预示着，任何拖延都将会危及澳门所有英国臣民的安全，葡萄牙人肯定不能也不愿意保护他们。然后要达到的目标是，把中国军队和舰队从他们当前毗邻该城的位置赶走。

关口是穿越陆地狭长地带的高墙，将葡萄牙与中国领土分开，与澳门不足一英里。海湾有 9 艘帆船，以及 1500 名集合的士兵。海阿新号和一艘汽船被派去袭击，在他们炮舰齐发的掩护下，士密指挥舰队的陆战队和一些孟加拉志愿军登陆。步枪齐射，很快把中国人从他们的位置赶跑了，两艘帆船被船上的炮火击沉。剩下的尽最大的努力到了另一边，加入到逃跑士兵行列。

由于这一及时的行动，一切都平静下来，英国居民能不受干扰地继续进行娱乐及日常活动了。

在重新叙述舟山的事情前，这里我要提到一件至少表明一些中国居民品质的事情，表明了其海上居民具有闪光的品质。一艘名为印度奥克的运输船于 7 月或 8 月初，从舟山被派去送探险的信，不幸在琉球（巴兹尔·霍尔舰长在他的一本书里描述过的海岛）的海岸失事。幸运的是，失事的船员落入了善良的当地人之手，这些土著的仁慈超过了迄今人们所有知道的。他们站在海滩，张开双臂，准备欢迎他们，用自己的衣服换下他们湿淋淋的衣服，把他们带入屋内，提供食物。还不止这些，他们在沙滩上找寻，尽力捡起从船上冲下来的东西，归还给合法的拥有者。获救者称：不相信土著未经允许，侵占了被冲到海岸的船上哪怕一颗钉子。他们最焦虑的事情是，怎样把剩下的船只残骸送回国给维多利亚女王，他们最后决定在这基础上建造一艘帆船，送回英格兰，正如他们曾向女王陛下承诺的。船在 10 月初进入舟山，看起来很不错，尽管水手们已经在船尾漆上了"愚蠢"的字体。

海陆军当局现在已经竭尽全力，控制了舟山岛，最后决定应该在内陆的几个最合适的地点建立起前哨站。由于获得了舰队从北方带来的供应充足的新鲜食物，部队开始重新集结，准备过冬。此事发生于 10 月底，那时他们的健康有了改善，疾病的例子少多了，但是，哎，那些曾经得病、恢复的人数也更少了。受到严重疾病的侵袭及受气候因素的影响，这些人很虚弱，虽然活下来了，但是很少完全康复。舟山缺乏有助于康复的环境；仍然能感到，他们曾露营的稻田中污浊的水的有害效果。这些水渠从田地流入了城镇，在城镇中纵横交错。然而，人们精神状态很好，只渴望积极服役，摆脱小病。为此他们急切期待我们从北方归来，但对和平的结果感到很失望。他们没什么可以期望的，除了一个漫长而令人伤感的冬天，得不到印度或英国的任何消息，在长达三个多月的疾风季节，无法与北面通信。

进一步军事服役的期待结束了，军队中属于印度的参谋和军团的军官及很多伤残军人，回到了他们不同的岗位——一些去印度，其他人去欧洲。

在结束叙述前，我想就安突德上校的被劫持和凯特号船员的被俘话题，做一些评论。尽管有这些不幸的事件，我认为绝不会废除在白河口达成的停战协议。我们在该岛因疾病的悲惨处境是前一位军官被劫持的原因；后来虚弱的船员登陆大陆的愚蠢行动，导致了他们被俘。这些发生在当地中国当局尚不知我们与琦善在白河达成协议之前，那时他们自然会尽力侵扰舟山的英军。但是一接到指示，他们放弃了所有进一步的骚扰。因此，把送还俘虏的要求作为已经承诺的前往广州协商的必要条件，是我方的没有正当理由的背信行为。

在向北远征期间，邓达斯舰长的麦尔威厘号旗舰已经侧倾，当时其三根从艉柱量起，8 英尺×20 英尺的龙骨，以及部分左舷、龙骨翼板列板完全被撕开，挂在主龙骨上。海军人员推测，当它被困在港口时，一定是牢牢地卡在了两块岩石之间，狭窄航道里激烈的潮汐使其偏航，从底部损害了这些巨大的木材。完全地复正、整修，需要 10 周的工作。在这繁重的工作期间，船上的海员们保持了健康，而与此同时，海滨的士兵却因病而死亡。如果他们积极工作，而不是因战友的死亡而消沉，他们的损失会更少些。

两国当局间经常互通公文，派到定海的间谍也送来俘虏安全的情报。[1] 林钦差和广东邓总督都接到命令，要求火速赶往北京，去刑部接受"关于麻烦"的质询。据说琦善正赶往广州，已经通过了宁波；而后一地方的政府现在表现出友善安排每件事的渴望。

皇帝对其沿海官员的急件[2]——他们不管在哪里遭到失败，在向上呈报时都描述为大胜，其中的一些意见值得评论。在浙

---

① 见附录 A。
② 参见北京通信的摘要，附录 B。

江将军的急件上，皇帝写道："将军错在没有增援舟山的驻军"，他宣告前述官员失职，但考虑到他之前行为端正，"及由于夷船的炮弹像山一样落下"，皇帝让他继续指挥，在以后的英勇中恢复失去的荣誉。

一位扬子江沿岸的将军的急件报告，"红毛夷人在天朝水域横冲直撞，但是帝国的雷霆已经把他们从海岸赶走了。"皇帝评论："非常正确；然而，让我们的仆人仁慈一些，好好照顾那些被俘的军官及士兵。"北京公报上公布了更多同意的叙述，一些代理人购得了这些信息，以供我们研读。似乎皇帝在所有这些来自其仆人的公共文书中做出记录，然后刊印，以为其他官员提供行事样板。

提到这些只是为了表明朝廷对事情实际状况十足的无知，及在未来——如果认为必要的话，对帝国权力层有针对性的施策的必要性。

现在似乎事情已经为达成友好协议准备就绪。因此，10月24日，因严重的疾病导致无法继续履行职务，因为部队明显不可能还有机会积极工作，我带着给女王陛下政府的急件启程前往英国；向南前行，在月底抵达澳门。仍然能看到关口之战的痕迹，但是中国人的舰队与军队驻扎在几英里之外，他们被英军从原来的地方赶走了。

英国舰队封锁了河流，因此我得以看到虎门要塞。穿鼻位于虎口的入口，1839年11月，在它下面，士密舰长在窝拉疑号与中国帆船发生接触。我们的一艘封锁船只现在停泊在这里；假如随后的事态迫使我们必须对中国人采取严厉措施，这座山及附近的横档岛将成为我们行动必需的地点。

穿鼻是河流左岸的一座高山，山顶有个小要塞，配有一些炮，其中一些是 32 毫米的。其位置居高临下，如果在我们控制下，将立刻成为中国人的眼中钉。此地也适合驻扎一批部队。

横档岛位于河流上游不远处，位于一个被称作亚娘鞋的入口处。在其位置上，能轻易地炮击周围各个方向的炮台，使其畏惧。当此地被敌军控制时，在大陆的小要塞里驻守军队似乎是无用而危险的。而且因其位置孤立，突然袭击下也很难成功。

我们接近穿鼻的基地很短距离的时候，要塞上发出了信号枪，得到了河边防御工事的回复，很多英里内都可以看到烟雾，弯曲的航道使我们看不到答复的信号。

大自然的鬼斧神工使其牢固，如果被欧洲强国控制，无疑将成为虎口，入侵的敌人无法攻克。

显而易见，这场中国战争——如果可以这样称呼的话，似乎快要结束了。他们的政府必然感到他们的虚弱，完全没有准备好抵抗。他们最为恐惧的是在远方已经模糊可见的微光，即：它将引起的该国内部斗争。

他们最终发现这一刻已经到来。为了维持统治，不论他们的控制多么微弱，也必须要在某些观点上让步：同意大不列颠的要求将带来希望，尽管是欺骗性的。在将来的某个时期，他们可能再次关闭准许外国人进入的大门，但现在迫不得已必须要拉开门闩。

然而，假如条约被某些没有预料到的事情中断了，或者某些中国顽固的政治人物取代了琦善钦差大臣的职位，这并非完全不可能，因为在很多他的国人看来，他太讨外国人欢心了；在总司令指挥下进行的坚持不懈的调查，并由此获得的迄今尚不知晓的地方的知识，将使这场竞争很快有决定性的了结。

占领虎门要塞，封锁扬子江，切断了帝国运河入口处的交通——北口的天津白河和南口的扬子江，将给北方省份造成饥荒与不幸，并使他们所有的努力归于无用。如果有必要更快地解决事情，袭击沿海的主要城镇——广州、南京、乍浦、厦门和天津，将导致极大的破坏和浩劫，最终引起人们自己起来反抗他们的政府，整个帝国将陷入动乱与混乱。如果通过挖开扬子江或帝国运河的堤坝，中国人自己或者他们的入侵者将使整个面积广大的浙江省及远至北方的各省陷入洪水之中。

该国设有一个高级部门（河道衙门），管理水运，通常由最有才能的、活跃的官员管理。

但是，如果能通过温和的方法达到我们的目标，这些强硬措施将会遭到很大的反对。对于我们的军力来说，占领印度已经足够大了，把整个中华帝国丢到我们手中，将是痛苦的负担，而非增加我们的力量。

如果我们成功地把我们的贸易置于安全的基础上，开放沿海的一些港口，以及达到英国政府可能认为必要的其他任何要求，一位英国臣民所能希望的、他的国家在这些问题上的利益，都将得到。

附录一

普通的诉状

一位定海本地的乡民罗恒胖，根据他收到的命令，以此诉状答复。罗恒胖按您命令的要求，于 9 月 25 日 5 时登船，第二天下午抵达宁波城；罗在那里查明贵军一位军官于 9 月 17 日上午抵达，手脚受缚，由鲍安格和其他人带到宁波。他现在在监狱营（营区，宁波主要的监狱），但是我没有见到他。我还了解到，鲍安格和其他人只接收了一位官员。此外，似乎在 9 月 18 日，贵军 22 名士兵被定海的赫善品的人绑着带到了宁波。其中有一位女性，也被关在同一监狱，但是他们没有受到惩罚或者侮辱。

我还了解到总督、巡抚及军事长官在 9 月 28 日共同举行了会议，请求皇上同意建立和平，但这一问题还没有得到令人满意的解决。等我再次返回宁波，由此调查真相，我将报告此问题。我跪着向您呈递这份诉状，请阁下幸览。

以上由郭士立翻译。

W. 凯恩上校

（首席行政官）

首席行政官办公室

定海，1840 年 10 月 3 日

附录二

浙江当局与皇帝通信的摘录

在 7 月 17 日的一封信中，该省巡抚乌尔恭额叙述了英国船只接近了，主要描述了乘风破浪航行的汽船的结构。然后他提到了威厘士厘号的海军中将的拜访，说到了在船上看到的士兵们高大的身材。详细地引述了交出定海的呼吁，英国人因其违抗和邪恶受到了全面谴责。

皇帝在复信中，说到海战与陆战绝不一样，突然被强大的军舰袭击情有可原；但是该岛指挥官一定是失去了所有勇气，以至于容忍该岛被占领。

在 7 月 20 日的另一份通令中，君主将这场战争示威归咎于广东省对鸦片贸易的禁绝及中止英国贸易。此外，他指示到，他反复强调使整个沿海处于防守状态的命令应继续下去，命令巡抚及其他很多官员应该因为他们的疏忽而贬黜，交由刑部议处。

皇帝说到，他非常期待禁绝鸦片贸易的结果，因此敦促努力奋斗抵抗我们的入侵。

在 7 月 22 日收到的巡抚的一份备忘录中，占领定海被谴责为十分可恨的行为，尽管三四千英国夷人的登陆使得抵抗不可能。

由于英国的大胆进犯，皇帝发布命令，使海军处于整军备战状态，并命令其他舰只加入宁波舰队。由于这些夷人很可能对直隶及其他城镇发动攻击，对此深怀忧惧的皇帝，命令福建将军保卫这些地区，吩咐他消灭夷人。很多官员，大多数是上校，失去了职位，受到严厉的处罚。然而，宁波海陆军的指挥将军尽管被免职，却被允许在一段时间内继续任职，获得新的荣誉，弥补他之前的疏忽。

杭州——该省首府的满族将军及巡抚报告，因担心试图从海上通过钱塘江上对该城发动攻击，他们在钱塘江口建起了堡垒。此外，他们还说到，由于上述夷人的军舰很强，大炮威力很大，帝国海军获胜的可能性很小。因此，他们已经命令岸上的步军抵抗敌人，保卫国家。而且，他们发布命令，逮捕所有叛国的本地人。如此准备后，他们等待着敌人：突然一艘战舰（阿尔及林号）靠近了乍浦；巡抚防备该舰，双方都开始射击。有十多名士兵伤亡，他发现在这种情况下难以抵抗这一艘军舰，敌人援军可能到来，占领该城。指挥官因此下令新的部队火速赶来，保卫该地，抵抗入侵。

在 8 月 3 日，对一份信函（里面提到更多的军舰抵达了舟山）答复的急件中，皇帝表达了其极大的恐惧，痛惜距离遥远，通信迟缓，指责官员们的错误。他命令等到定海驻军精疲力竭，然后带着士兵进军，获得胜利，但是绝不是军事佯攻，也不能允许英国人偷溜到港口。同时，他命令海军于指挥官和福建杨总督用其指挥下的武力消灭敌人，严密警戒，攻击任何登陆的敌人。广东和福建当局同时接到命令，采取这一做法——他们可以自由使用补给和武器，在宁波建立大的军火库。皇帝任命江南总督伊里布全权负责浙江的防守，再次下令杨和于消灭夷人。

后面的通信还没有收到。

上述是郭士立向我提供的翻译的精确副本。

W. 凯恩上校

（首席行政官）

首席行政官办公室

定海，1840 年 10 月 14 日。

图书在版编目（CIP）数据

随军六月记／吴文浩译著．—北京：中国文史出
版社，2018.6
ISBN 978 - 7 - 5205 - 0437 - 9

Ⅰ．①随… Ⅱ．①吴… Ⅲ．①中国历史—近代史—史
料 Ⅳ．①K250.6

中国版本图书馆 CIP 数据核字（2018）第 172935 号

责任编辑：李军政

出版发行：**中国文史出版社**

社　　址：北京市西城区太平桥大街 23 号　　邮编：100811
电　　话：010 - 66173572　66168268　66192736（发行部）
传　　真：010 - 66192703
印　　装：北京地大彩印有限公司
经　　销：全国新华书店
开　　本：710×1020　1/16
印　　张：7
字　　数：60 千字
版　　次：2018 年 8 月北京第 1 版
印　　次：2018 年 8 月第 1 次印刷
定　　价：38.00 元